Kulturanalysen

Herausgegeben von Ulrike Prokop

Kulturanalysen

Anna Stach (Hrsg.)

Männlichkeiten, Sexualitäten und Autorität in der Fantasy – Analysen zur Kino-Trilogie *Der Herr der Ringe*

Tectum Verlag

Anna Stach (Hrsg.)

Männlichkeiten, Sexualitäten und Autorität in der Fantasy
- Analysen zur Kino-Trilogie *Der Herr der Ringe*

Kulturanalysen; Bd. 12; hrsg. von Ulrike Prokop

ISBN: 978-3-8288-2763-9

ISSN: 1867-769X

Druck und Bindung: Schaltungsdienst Lange, Berlin
Printed in Germany

Besuchen Sie uns im Internet
www.tectum-verlag.de

Bibliografische Informationen der Deutschen Nationalbibliothek
Die Deutsche Nationalbibliothek verzeichnet diese Publikation in der Deutschen Nationalbibliografie; detaillierte bibliografische Angaben sind im Internet über http://dnb.ddb.de abrufbar.

Inhaltsverzeichnis

Einleitung: Fantasy und Fans

Anna Stach

Fantasy – Ein erfolgreiches Genre

Das Fantasy-Genre hat in den letzten zehn Jahren international für ein breites Publikum an Attraktivität gewonnen und ist zum festen Bestandteil der Populärkultur geworden.[1] Die Kino-Trilogie *Der Herr der Ringe* spielte für die Popularisierung des Genres eine bedeutende Rolle. Seit ihrem Start im Jahr 2001 hat sie weltweit große Publikumsgruppen gefunden und Eventkulturen angestoßen.[2] Die drei Teile der Trilogie rangieren heute noch auf den oberen Plätzen der weltweit erfolgreichsten Filme aller Zeiten.[3] Wenngleich der Hype mittlerweile vorbei ist, spielt der ´Ring-Stoff´ in der Populärkultur immer noch eine bedeutende Rolle.[4] Er gilt als prototypisch für das Fantasy-Genre und in neuen Produktionen tauchen stets

---

[1] Fantasy-Filme und Bücher rangieren anhaltend auf den obersten Plätzen der kommerziellen Listen und erhalten Auszeichnungen. Unter den weltweit erfolgreichsten Filmen aller Zeiten lassen sich eine Reihe Fantasy-Filme finden. Teile aus der Trilogie *Der Herr der Ringe* gehören auch dazu. Teil 3 rangiert auf Platz 3, Teil 2 auf Platz 10, Teil 1 auf Platz 21 Vgl.: http://wwhttp://www.yw.wulfmansworld.com/Die_besten_Filme/Die_erfolgreichsten_Kinofilme_aller_Zeiten. Zugriff am 04.04.2011. Der Buchmarkt zeigt ein ähnliches Bild: *Harry Potter*-Bücher sind anhaltend in den Bestsellerlisten, wie auch die Bücher von Stephenie Meyer. Ihr Roman *Twilight: A Novel* (dt. Bis(s) zum Morgengrauen) wurde zum Beispiel 2006 mit dem ALA-Preis (Best Books for Young Adults) ausgezeichnet.

[2] Das Erscheinen von Tolkiens Trilogie in Buchform löste in den 60er Jahren weltweit große Resonanz aus. Uns geht es hier um die Fantasy-Welle in den 2000ern, die mit den Kinoproduktionen einhergegangen ist.

[3] In Deutschland rangieren die Teile der Kino-Trilogie *Der Herr der Ringe* unter den ersten 13 Plätzen: Teil 1: Platz 6; Teil 2: Platz 11; Teil 3: Platz 13. Die Platzierung bezieht sich auf die Besucherzahlen. Vgl. http://insidekino.com/DJahr/DAlltime100.htm Zugriff am 02.04.2011.

[4] Z.B. wird die Filmmusik in Opernhäusern aufgeführt. Die Ring-Convention finden jährlich statt. Im Internet sind SchreiberInnen von Fanfiction aktiv. Vgl. http://www.tolkienforum.de/index.php?showtopic=7912 Zugriff am 03.03.2011. AutorInnen von Fanfiction Treffen sich zu Schreibwettbewerben, Lesenächten und Festivals.

Elemente daraus auf.[5] Aber auch neue und andersartige Fantasy-Produktionen füllen Kinosäle oder behaupten sich anhaltend in Bestsellerlisten. Ihre weit reichenden Erfolge sind zu einem Teil auf neue kommerzielle Strategien zurückzuführen. Dazu gehören zum Beispiel die Serialität oder synchrone Startzeiten und Herausgabetermine in verschiedenen Ländern.[6]

Nach meiner Auffassung ist davon auszugehen, dass kommerzielle Strategien als Erklärung für den Erfolg nicht ausreichen. Filme und Bücher können nur dann eine große Anziehung ausüben, die sich über einen längeren Zeitraum aufrechterhalten lässt, wenn sie wunscherfüllende Themenkreise, Phantasien und Emotionen berühren. Der nachhaltige Erfolg der *Ring*-Trilogie und ihrer Ableger ist wesentlich auf den wunscherfüllenden Erlebnisraum zurückzuführen, der eröffnet wird. Die Arbeiten in diesem Band zielen darauf ab, diesen zu erfassen.

In einer Kooperation der Arbeitsgruppe Tiefenhermeneutik Kassel und der Arbeitsgruppe Tiefenhermeneutik Marburg wurden Inhalts- und Rezeptionsanalysen zur Kino-Trilogie *Der Herr der Ringe* und zu Fantasy-Rollenspielen, die sich am ´Ring-Stoff´ orientieren, erarbeitet.[7] Auf der Ebene der Inhaltsanalyse zeigen sie zentrale Themen, Emotionen und Phantasieräume auf. Auf der Ebene der Rezeptionsanalyse werden die für Fans attraktiven Selbstphantasien und Affekte in den Blick genommen, sowie bedeutsame Fanpraktiken (*Ring-Convention*). Ergebnisse zur Fanfiction und Fanzines fließen in die Analysen ein. Die Beiträge wollen damit Antworten auf

---

[5] Vgl. Weinreich, 2007, S. 21.

[6] Die Filme der Trilogie *Der Herr der Ringe* starteten in mehr als 50 Ländern innerhalb eines Zeitrahmens von drei bis vier Monaten, meist kurz vor Weihnachten. Breit angelegten Werbe- und Verkaufsstrategien, der Einsatz von Spitzentechnologien, die Serialisierung, der Genre-Mix und die Überwältigungsästhetik sind Elemente der aufgegangenen Blockbuster-Erfolgsstrategie, vgl.: Mikos/Eichner 2007, S. 19 – 53.

[7] In Kassel und Marburg wurden Gruppendiskussionen zu allen Teilen der Trilogie in der Forschungsgruppe durchgeführt. Forschungsseminare mit Studierenden, die vielfach zu den Fans der Kino-Trilogie gehörten, sowie Interviews mit Fans ergänzen die Untersuchung. Fantasy-Rollenspiele wurden ebenso inhaltsanalytisch untersucht und es wurden Interviews mit Fans geführt und in der Forschungsgruppe ausgewertet.

die Fragen geben, woher die Faszination für die ausgesuchten Fantasy-Angebote rührt. Die Ergebnisse werden im Hinblick auf die Bedeutung des Angebots für die Bewältigung von Entwicklungsaufgaben in der Adoleszenz, das heißt aus sozialisationstheoretischer Perspektive, diskutiert.

Wodurch zeichnet sich Fantasy aus?

Die Bedeutung des Übernatürlichen als Handlungsbestandteil ist das zentrale Kennzeichen des Fantasy-Genres.[8] Imaginäre Welten und die Wirkmacht von Magie entfalten sich in Konstruktionen vorindustrieller Gesellschaftsordnungen.[9] Die Geschichten handeln von HeldInnen, die abenteuerliche Situationen bestehen müssen, und daran wachsen. Sie sind mit übernatürlichen Kräften ausgestattet und auch mit übernatürlich starken Kräften und Behinderungen konfrontiert.[10] Die Konflikte kreisen stets um den Kampf zwischen als gut oder böse konstruierten Mächten. Am Ende kommt es stets zur Rettung. Fantasy wird daher als eine Geschichte beschrieben, „… die einen … errungenen Übergang aus der Gefangenschaft … mittels einer tiefschürfenden Metamorphose des Protagonisten oder der Welt (oder von beiden) – in die Eukatastrophe (plötzliche Wendung zum Guten, Anm. A. Stach) erzählt, wo Hochzeiten stattfinden können, gerechte Regentschaft das unfruchtbare Land erblühen lässt und es zur Heilung kommt".[11]

Die Beiträge in diesem Band gehen darauf ein, was für Entwicklungen in den Filmen und Spielen inszeniert werden, welche Le-

---

[8] Vgl.: Weinreich 2007, S. 32.

[9] Vgl.: Schilken 2002.

[10] Susanne Tschirner geht in ihrer Studie zum Fantasy-Bildungsroman literaturhistorisch und rezeptionsästhetisch vor. Sie zeigt die Strukturierungsprinzipien von Fantasy-Bildungsromanen auf. Dabei versteht sie Fantasy als Teil einer in den hoch spezialisierten Industriegesellschaften westlicher Prägung verbreiteten Populärliteratur, die eine internationale literarische Äußerung als Protest gegen die realistische Romantheorie und vor allem, so Tschirner, eine Reaktion auf die Realitätskrise des 20 Jahrhunderts ist. Fantasy verlässt die Primärwelt grundlegend, vgl. Tschirner 1989.

[11] Vgl.: Clute nach Jenderek 2009, S. 161.

bensentwürfe damit verbunden sind, und welche Bedeutung sie für Fans erhalten.

Was verstehen wir unter Fans?

Fanpraktiken und Fankulturen sind seit den 90er Jahren, insbesondere im Hinblick auf Konsumkulturen und die Medienrezeption, verstärkt in den wissenschaftlichen Blick geraten. Unter Fans werden Gruppen verstanden, die sich über die gemeinsame Liebe zu Filmgenres, Fernsehserien und Stars definieren. Sie erweisen sich als Expertinnen und Experten für das Objekt ihrer Bewunderung[12]. In ihren Praktiken, Haltungen und Emotionen spiegelt sich ihre gelebte Faszination. Neuere Befunde zu Fankulturen verweisen auf die kreative Seite und die Vielfältigkeit des Fanseins. Sie heben die Potentiale von Fankulturen für die Identitätsentwicklung in der Adoleszenz hervor und zeigen auf, dass Fanaktivitäten über bloße Medienrezeptionsprozesse hinausgehen.[13] In unserer Perspektive auf Fans betonen wir darüber hinaus die Bedeutung der unbewussten Phantasien und der Affektivität.[14] Wir gehen davon aus, dass die emotionale Bindung mit den in den Angeboten enthaltenen Lebensentwürfen mit ihren Affektaufladungen und Phantasiegehalten eng verknüpft ist.[15] Wir gehen auch davon aus, dass sich im Laufe der Zeit der Zugang zum Objekt der Bewunderung und die Fanpraktiken verändern können.[16]

---

[12]Vgl.: Mikos 2006, S. 95 ff.

[13] Vgl.: Fritzsche 2003 und Wegener 2008.

[14] Vgl.: Prokop/Jansen 2006.

[15] Vgl.: Unsere Studie der Fanfiction im Internet zum Film *Der Herr der Ringe* zeigt deutlich, dass in den selbst entworfenen Geschichten Thematiken, Phantasiekreise und Emotionen ausgestaltet werden, die im Film angelegt sind. Die Schwerpunkte werden teilweise anders gesetzt und es kommen neue Aspekte hinzu. Die Fanfiction zeigt die Aktivität von Fans und auch die Kreativität. Sie verweist ebenso auf die Bindung an die zentralen Szenen. Vgl.: http://www.herren-des-westens.de/fanfiction.html. Zugriff: 19.09.2010. Ein Beitrag zu diesem Thema konnte leider nicht in das Buch aufgenommen werden.

[16] Ramona Kahl rekonstruiert die Entwicklung von *Manga*-Fans und ihren Praktiken und zeigt, wie sich Vorlieben, Zeichnen und Leseverhalten verändern, vgl. Kahl 2010.

Forschungspraktisch haben wir in das Spektrum von Fans Jugendliche und junge Erwachsene eingeschlossen, die Fantasy-Angebote in Form der wiederholten Filmrezeption oder des regelmäßigen Rollenspiels aufsuchen, oder die darüber hinaus Aktivitäten vorweisen.

Der Aufbau des Buches

In dem ersten Beitrag des Bandes legt Anna Stach eine Inhaltsanalyse der Kino-Trilogie *Der Herr der Ringe* vor. Sie zeigt, dass die Geschlechterentwürfe Klischees bedienen, die mit latenten Angstdynamiken einhergehen. Sie macht deutlich, dass sie zugleich Elemente enthalten, die gängige Männlichkeits- und Weiblichkeitsvorstellungen positiv erweitern.

Der Beitrag von Bettina Damaris Lange stellt zwei exemplarische Interviewanalyen zur Kino-Trilogie *Der Herr der Ringe* vor. Die Ergebnisse fassen geschlechtsspezifische Wünsche, Phantasien und Ängste zusammen, die in Auseinandersetzung mit der Trilogie bei Fans sichtbar werden. Der Beitrag macht deutlich, welche Bedeutung die Auseinandersetzung mit ´Gut und Böse´ auf der Ebene des Filmerlebens hat.

Astrid Vormschlag stellt Ergebnisse einer Teilnehmenden Beobachtung vor. Sie hat eine *Herr der Ringe-Convention* besucht. Ihre Ergebnisse dokumentieren, dass im Spektrum des Fantasy-Genres sehr unterschiedliche Phantasien angesprochen und geteilt werden: *Herr der Ringe*-Fans ziehen klare Abgrenzungen zu anderen Fantasy-Angeboten, da diese andere Selbstphantasien auslösen und den eigenen, erwünschten zuwiderlaufen.

Ramona Kahl diskutiert Spielvorlagen und geht auf die Funktion des Fantasy-Rollenspiels im adoleszenten Ablösungsprozess ein. Der Zugang zu relevanten Phantasien und zur Faszination von Fans ergibt sich aus Interviews mit aktiven Spielerinnen und Spielern.

Der Beitrag von Andrea Gerhard zeichnet die Geschichte des Fantasy-Genres nach. Er hebt hervor, dass sich das Genre durch die Schöpfung neuer, eigenlogischer Welten auszeichnet, in denen Grenzen der Realität verschoben werden. In ihren Überlegungen geht Andrea Gerhard auch auf die Aspekte der Produktion und der Kommerzialisierung ein.

Das Buch schließt mit einer Zusammenfassung und einer Reflektion der Ergebnisse der Beiträge. Diese werden von Anna Stach bezogen auf aktueller Befunde zum Fantasy-Genre und Fantasy-Fans diskutiert.

Die tiefenhermeneutische Medienanalyse

Unsere Studie basiert auf der tiefenhermeneutischen Medienanalyse, die von Ulrike Prokop in den 1990er Jahren im Anschluss an die tiefenhermeneutische Kulturanalyse von Alfred Lorenzer entwickelt wurde.[17] Die tiefenhermeneutische Medienanalyse umfasst eine kombinierte Inhalts-, Wirkungs- und Rezeptionsanalyse.[18] Sie zielt darauf, Lebensentwürfe mit ihren bewussten und unbewussten, das heißt manifesten und latenten Sinnebenen in populären Inszenierungen herauszuarbeiten (kulturelle Muster). Dabei werden Wünsche und ideale und tabuierte Lebensentwürfe sichtbar. [19]

Das Unbewusste wird als das von dem gesellschaftlichen Konsens Ausgeschlossene und daher Tabuierte verstanden. Die tiefenhermeneutische Medienanalyse hat daher das Potential, verbotene Wünsche, Selbstphantasien und damit verbundene Abwehrvorgänge in sozialen Gruppen herauszuarbeiten.

Ein Film wird - wie Inszenierungen überhaupt - aus der Perspektive der tiefenhermeneutischen Medienanalyse als spezifische Abfolge von Szenen aufgefasst. Es sind kulturindustrielle Produktionen von Phantasiegebäuden, deren bewusste und unbewusste Sinnebenen sich auf der Basis des Erlebens der Szenen erschließen lassen. Diese dramaturgisch errichteten Phantasiegebäude enthalten attraktive Wunscherfüllungen, wie sie sich auch im (Tag-)Traum

---

[17] Lorenzer 1986, S. 11-98.

[18] Die Methode der tiefenhermeneutischen Medienanalyse ist ausführlich dargestellt in: Stach 2006, S. 44 – 81.

[19] Exemplarisch sind Ergebnisse der tiefenhermeneutischen Kulturanalyse, die sich auf mediale Inszenierungen beziehen, nachzulesen in: Prokop 2008 oder Prokop et al. 2009.

oder in individuellen Phantasien zeigen.[20] „Als auf der Leinwand materialisierte, öffentlich gemachte Tagträume präsentieren…Filme eine Welt, von der wir Befriedigung erhoffen, zugleich bilden sie ein Muster für unsere individuellen Phantasien…Der Raum des Kinos ist ein changierender, in dem sich private, intime und öffentlich produzierte Phantasien überschneiden."[21] Der Film *Der Herr der Ringe* ist offensichtlich ein attraktives Phantasiegebäude, das für ein breites Kollektiv Wunscherfüllungen in Szene setzt, wie auch die Fantasy-Rollenspiele. Das zeigen die Reichweiten.[22]

Die Verstehenstechniken der Psychoanalyse - vor allem die gleichschwebende Aufmerksamkeit und die freie Assoziation - dienen im praktischen Interpretationsprozess der Entschlüsselung der unbewussten, das heißt tabuierten Anteile der Wunscherfüllungen bzw. wunscherfüllenden Lebensentwürfe.

Unter Wirkung wird in der tiefenhermeneutischen Medienanalyse die unmittelbare Reaktion im Sehvorgang verstanden, die in einer Forschungsgruppe mit einem Wahrnehmungsprotokoll erfasst wird. Ich erläutere die praktischen Schritte der Interpretation:

Zur Inhaltsanalyse: Der Film wird in einem ersten Schritt in der tiefenhermeneutischen Forschungsgruppe mit der Haltung der gleichschwebenden Aufmerksamkeit angeschaut und die Assoziation, Gedanken und Gefühle, die aufkommen, werden notiert („naives Sehen").[23] Die Analyse dieser Resonanzen dokumentieren die relevanten Themenkreise, Phantasieräume und Affekte, die im Er-

---

[20] Zur Thematik der Wunscherfüllung in Traum und Phantasie: Sigmund Freud 2000 und Alfred Lorenzer 1981.

[21] Renate Lippert 2002, S. 12.

[22] Es ist klar, dass zur Produktion von Blockbustern wie der *Ring*-Trilogie umfassende Strategien gehören, die ebenso zum Erfolg des Films beitragen wie der Inhalt, vgl.: Julian Stringer 2003. Wir gehen aber, wie gesagt, davon aus, dass dem Inhalt mit seinem spezifischen Erlebniswert eine zentrale Rolle zukommt. Dass ein attraktives Erlebnisangebot nicht erfolgssicher geplant werden kann, zeigen die Filme, die sich nicht als publikumswirksam erweisen, obwohl sie grundlegenden Linien des Hollywood-Kinos folgen, vgl.: Robert Blanchet 2003, S. 243.

[23] Es handelt sich dabei um eine Form der teilnehmenden Beobachtung. Die Forschungsgruppenmitglieder nehmen innerlich an den Szenen teil und notieren ihr Erleben. Ausgangspunkt der Interpretation ist das Alltagsverstehen.

leben der Szenen des Films unmittelbar angestoßen werden (Wirkung).

Nach diesem ersten Schritt werden zwei Sendeschemata erstellt: Ein kürzeres, das den in der Regel unstrittigen, manifesten Ablauf der drei Teile des Films in einer Übersicht festhält (Szenenablauf), und ein ausführliches, in dem neben dem manifesten Ablauf auch die zusammengetragenen Wahrnehmungen der Forschungsgruppe und die Affekte in den Filmszenen eingefügt werden.[24]

Aus den Wahrnehmungsprotokollen werden erste, sich wiederholende Thematiken herausgearbeitet. Diese werden auf die dazugehörenden Szenen zurückbezogen: Was wurde erlebt? Auf welchen Aspekt der Szene bezieht sich das Erlebte und Wahrgenommene? Welche Bedeutung kommt dem Gezeigten und Erlebten zu? Aus dieser Arbeit am Detail schälen sich kulturelle Muster – das sind auf der Ebene des Subjekts die Lebensentwürfe - heraus, die im Hinblick auf ihre manifesten und latenten Pole und die Affektaufladung hin beschrieben und schließlich theoretisch reflektiert werden. Dieses Vorgehen wird nach Alfred Lorenzer als das szenische Verstehen bezeichnet.[25]

Zur Rezeptionsanalyse: In einem letzten Schritt folgt die Analyse der Rezeption des Films. Sie kann in Einzelinterviews oder Gruppendiskussionen erhoben werden. Auch hier werden, wie in der Forschungsgruppe, Wahrnehmungsprotokolle angefertigt, die schließlich detailliert vorgestellt und besprochen werden. Unter Rezeption werden hier das Erleben im Seh- bzw. Spielvorgang und das Bedürfnis nach Verständigung, das bestimmte Szenen auslösen, verstanden. Die Analyse der Rezeption fragt danach, welche Themen als relevant erlebt und daher besprochen werden, und ob bzw. wie auf die von der Forschungsgruppe herausgearbeiteten manifest-latenten Muster im Film Bezug genommen wird. Die Rezepti-

---

[24] Die kurzen Sendeschemata beinhalten die Szenenabfolgen der drei Teile des Films *Der Herr der Ringe* und befinden sich im Anhang dieses Beitrages. Die ausführlichen Sendeschemata sind aufgrund ihrer Länge nicht aufgeführt. Sie wurden gemeinschaftlich in der tiefenhermeneutischen Forschungsgruppe Kassel, vor allem von Astrid Vormschlag und Bettina Damaris Lange, sowie von Ramona Kahl und Anna Stach erarbeitet.

[25] Vgl.: Alfred Lorenzer 1990.

onsanalyse schließt darüber hinaus die Frage ein, ob Tabuiertes sichtbar wird. Tabuiertes meint eine Bedeutungsebene, die im Interview oder in der Gruppendiskussion nicht ausgesprochen werden kann, die aber für die Anwesenden relevant ist. In der Gruppendiskussion berührt diese Frage den Gruppenkonsens: Auf welche Sichtweisen und Deutungen verständigt sich die Gruppe, und welche Bedeutungshorizonte werden affektgeladen ausgeschlossen, das heißt tabuiert?

Zum methodischen Vorgehen der Autorinnen möchte ich anmerken, dass der Beitrag von Anna Stach eine Inhaltsanalyse und der Beitrag von Bettina Damaris Lange eine Rezeptionsanalyse zur Kino-Trilogie vorstellt.[26] Ramona Kahl hat die Erlebnisräume des Rollenspiels und Interviews tiefenhermeneutisch untersucht. Das Vorgehen in dieser Untersuchung entspricht weitgehend den Schritten der tiefenhermeneutischen Filmanalyse. Auch hier werden über die inneren Resonanzen zentrale Muster mit ihren manifesten und latenten Polen und Affektgehalten herausgearbeitet. Der Beitrag von Astrid Vormschlag bezieht sich auf manifeste Bedeutungen ihrer Teilnehmenden Beobachtung.

---

[26] Die Basis der Rezeptionsanalyse bilden neben zwei Interviews mit einem weiblichen und einem männlichen Fan drei Seminare, in denen der Film *Der Herr der Ringe* entsprechend der tiefenhermeneutischen Medienanalyse angeschaut wurde. Die Wahrnehmungsprotokolle und die anschließenden Gruppendiskussionen standen für die Rezeptionsanalyse zur Verfügung. Die meisten Teilnehmerinnen und Teilnehmer hatten den Film gesehen, viele von ihnen waren Fans.

Literatur

Blanchet, Robert: Blockbuster, Ästhetik, Ökonomie und Geschichte des Postklassischen Hollywoodkinos. Marburg: Schüren-Verlag 2003.

Clute, John: The Encyclopedia of Fantasy. Online: http://www.epilog.de/ Lexikon/F/Fantasy.htm. Zitiert nach Jenderek 2009.

Fanfiction: http://www.herren-des westens.de/fanfiction.html. Zugriff am 19.09.2010.

Fanfiction: http://www.tolkienforum.de/index.php?showtopic=7912 Zugriff am 03.03.2011.

Freud, Sigmund: Der Traum ist eine Wunschvorstellung. In: Studienausgabe, Limitierte Sonderausgabe, Band 2, Frankfurt a. M, Fischer 2000.

Fritzsche, Bettina: Pop-Fans. Studie einer Mädchenkultur. Opladen: Leske und Budrich 2003.

Jahraus, Oliver; Neuhaus, Stefan (Hrsg.): Der Fantastische Film. Geschichte und Funktion in der Mediengesellschaft. Würzburg: Königshausen &Neumann 2005.

Kahl, Ramona: Fantasy-Rollenspiele als szenische Darstellung von Lebensentwürfen. Eine tiefenhermeneutische Untersuchung. Marburg: Tectum 2007.

Kahl, Ramona: „Ich wünsche mir Manga, Manga, Manga." Rekonstruktion von Fanpraktiken einer jugendlichen Mangaleserin. Unveröffentlichtes Skript 2010.

Lippert, Renate: Vom Winde verweht. Film und Psychoanalyse. Franfurt a. M./Basel, Stroemfeld Verlag 2002.

Lorenzer, Alfred: Tiefenhermeneutische Kulturanalyse. Lorenzer, Alfred et al. (Hrsg.): Kultur-Analysen. Frankfurt: Fischer 1986. S. 11-98.

Lorenzer, Alfred: Verführung zur Selbstpreisgabe – psychoanalytisch-tiefenhermeneutische Analyse eines Gedichtes von Rudolf Alexander Schröder. In: Lorenzer/Prokop/Görlich (Hrsg.): KulturAnalysen. Zeitschrift für Tiefenhermeneutik und Sozialisationstheorie 1990, Heft 3, S. 261 - 277.

Lorenzer, Alfred: Was ist eine „Unbewußte Phantasie"? In: Phantasie als anthropologisches Problem. Würzburg, Königshausen + Neumann 1981, S. 213 - 225.

Mikos, Lothar et al. (Hrsg.).: Die „Herr der Ringe"-Trilogie. Attraktion und Faszination eines populärkulturellen Phänomens. Konstanz: UVK 2007.

Mikos, Lothar: Film und Fankulturen. In: Mai, Manfred/Winter, Rainer (Hrsg.): Das Kino der Gesellschaft – die Gesellschaft des Kinos. Interdisziplinäre Positionen, Analysen und Zugänge. Köln: Herbert von Halem Verlag 2003, S. 95-116.

Prokop, Ulrike; Jansen, Mechtild (Hrsg.): Doku-Soap, Reality-TV, Affekt-Talkshow, Fantasy-Rollenspiele. Neue Sozialisationsagenturen im Jugendalter. Marburg: Tectum 2006.

Prokop, Ulrike (Hrsg.): Beratung als Unterhaltung in den populären TV-Ratgebern „Super Nanny“ und „S.O.S. Schule“. Marburg: Tectum 2008.

Prokop, Ulrike; Friese, Nina; Stach, Anna (Hrsg.): Geiles Leben, falscher Glamour. Beschreibungen, Analysen, Kritiken zu Germany´s Next Topmodel. Marburg: Tectum: 2009.

Ranking der Kinofilme nach Besucherzahlen (Deutschland): http://insidekino.com/DJahr/DAlltime100.htm Zugriff am 02.04.2011.

Ranking der Kinofilme nach eingespielten Summen: http://wwhttp://www.yw.wulfmansworld.com/Die_besten_Filme/Die_erfolgreichsten_ Kinofilme _aller_Zeiten. Zugriff am 04.04.2011.

Schilken, Dörte: Die teleologische Reise: Von der christlichen Pilgerallegorie zu den Gegenwelten der Fantasyliteratur. Würzburg: Königshausen und Neumann 2002.

Stach, Anna: Die Inszenierung sozialer Konflikte in der populären Massenkultur am Beispiel erfolgreicher Talkshows – Ein Beitrag zum Thema Sozialisation durch Massenmedien unter besonderer Berücksichtigung geschlechtsspezifischer Sozialisation. Marburg: Tectum 2006.

Stringer, Julian: Movie Blockbusters. London/New York: Routledge 2003.

Tschirner, Susanne: Der Fantasy-Bildungsroman. Meitingen: CORIAN-VERLAG Heinrich Wimmer 1989.

Wegener, Claudia: Medien, Aneignung und Identität. „Stars“ im Alltag von jugendlichen Fans. Wiesbaden: VS-Verlag 2008.

Weinreich, Frank: Fantasy. Einführung. Essen: Oldib-Verlag 2007.

Männlichkeiten, Paarbeziehungen und Sexualität im Film *Der Herr der Ringe* – Sozialisationstheoretische Überlegungen

Anna Stach

Einleitung - Die Trilogie *Der Herr der Ringe*

Die Vorlage für die im Jahr 2001 in den Kinos gestartete Trilogie *Der Herr der Ringe* ist das gleichnamige Buch von John R. R. Tolkien, das seit seinem Erscheinen im Jahr 1954 eine große Fangemeinde gefunden hat. Es gehört zu den weltweit meist gelesenen Büchern und wird als Grundstein des Fantasy-Genres erachtet.[27] Der Regisseur Peter Jackson drehte die *Ring*-Geschichte erstmalig.[28] Sie brachte einen Gewinn von über 2,9 Milliarden US-Dollar ein.[29]

Der erste Teil der Trilogie, *Die Gefährten*, kam im Dezember 2001 in die deutschen Kinos. Er spielte weltweit 860 Millionen Dollar ein und wurde zu einem der erfolgreichsten Produktionen der Filmgeschichte. *Die Gefährten* wurde mit vier Oscars ausgezeichnet. Am 18. Dezember 2002 startete der zweite Teil der Trilogie, *Die zwei Türme*, der wiederum Publikumsströme auslöste. Die DVD dieses Films wurde zur meist verkauften des Jahres 2003. Der letzte Teil des Films, *Die Rückkehr des Königs*, der schließlich zu Weihnachten 2003 in den deutschen Kinos anlief, wurde neben vielen anderen Preisen mit elf Oscars ausgezeichnet und gilt seither als einer der erfolgreichsten Filmen aller Zeiten.[30]

---

[27] Zum Fantasy-Genre: vgl. die Einleitung und den Beitrag von Andrea Gerhardt in diesem Band.

[28] Peter Jackson arbeitete mit der Produktionsfirma *New Line Cinema*. Das Drehbuch für die gesamten drei Teile war eine Kooperation zwischen Frances Walsh, Philippa Boyens und Peter Jackson.

[29] Etwa der gleiche Betrag (ca. 3 Milliarden US-Dollar) wurde durch den Verkauf von DVDs und Lizenzen für Spiele und Merchandising-Artikel eingenommen (Mikos/Eichner 2007, S. 55).

[30] *Die Rückkehr des Königs* wurde in Deutschland von über 10 Millionen Menschen im Kino gesehen, vgl.: Mikos/Eichner 2007, S. 55.

Die Premieren der drei Teile des Films zogen Tausende Fans an. Viele kostümierten sich, wie auch zur Feier der Oscar-Verleihung im Stil des Films. *Herr der Ringe-Kostüme* gehörten im Jahr 2004 zu den meist verkauften Verkleidungen in Deutschland. Außerordentliche Ausstellungen zum Film machen in vielen Ländern auf sich aufmerksam und die *Ring-Convention* findet bis heute jährlich statt.[31] Zudem gibt es eine breite Fangemeinde, die sowohl das Buch als auch den Film wiederholt rezipiert. Viele Liebhaber kennen das Buch und den Film nahezu auswendig. Diese fankulturellen Praxen und Rezeptionsweisen deuten auf einen starken Wunsch nach Identifikation mit zentralen Filmfiguren aus dem *Herrn der Ringe*. Sie zeigen, dass sich die Lesarten des Films nah an den Inhalten orientieren und mit Faszination aufgeladen sind.[32]

In meinem Beitrag lege ich eine Inhaltsanalyse der Trilogie vor, die mit der Methode der Tiefenhermeneutik erarbeitet wurde.[33] Die Ergebnisse werden aus der Perspektive von Sozialisation in den Blick genommen. Im Zentrum der Überlegungen stehen die Konstruktionen idealer Lebensentwürfe, die für die Adoleszenz bedeutsam sind. Die Inszenierungen legen den Blick auf Entwicklungsschritte der Adoleszenz nahe[34]:

---

31 Zur *Herr der Ringe-Convention*: vgl. den Beitrag von Astrid Vormschlag in diesem Band.

32 Wenn ich im Folgenden von „dem Film" spreche, meine ich die Gesamtkomposition der drei Teile.

33 Die Methode ist in der Einleitung dieses Bandes ausführlich dargestellt. Den Film *Der Herr der Ringe* betrachte ich in der Form, wie er in den Kinos gelaufen ist, als eigenständiges, in sich geschlossenes Werk mit eigenen Strukturen und Wirkmechanismen. Die Kinofassungen der drei Teile bilden daher die Grundlage meiner Analyse. Auf Produktionsbedingungen und die Intention der MacherInnen gehe ich nicht ein. Bezüge zu der Literaturvorlage herzustellen und die Umsetzungen zu bearbeiten, wäre Gegenstand eines interessanten Projektes. Diese Auseinandersetzungen bleiben aber, ebenso wie eine detaillierte Beschäftigung mit den später auf den Markt gebrachten Extended Editions der jeweiligen drei Teile, unberücksichtigt. Nach einer Durchsicht der Extended Editions gehe ich davon aus, dass sich keine grundlegenden Sinnverschiebungen aus den zusätzlich erhältlichen Szenen ergeben.

34 Kurze Zusammenfassung des Inhalts: Eine ´böse´ Macht greift die ´gute´ Ordnung der Welt an. Zentrum ´des Bösen´ ist *Mordor*. Von dort geht der *Ring der Macht* aus, der Menschen und andere ´gute´ Wesen in seinen Bann zieht

Die Rahmenhandlung der *Ring*-Trilogie bildet die Geschichte einer Gruppe von präadoleszenten Jungen (*Frodo, Sam, Merry* und *Pippin*)[35], die – von der Bedrohung durch eine zerstörerische Macht gezwungen - aus ihrer vertrauten Umgebung herausgerissen werden und im Kampf gegen diese als böse konstruierte Macht (*Mordor*) einen Entwicklungsprozess durchlaufen. Sie erweisen sich als erfolgreich im Kampf gegen Machtgier und Zerstörung und kehren am Ende des Films erwachsen in ihre Heimat zurück. Ganz am Ende steht das Bild des glücklichen Paares mit seinen Kindern. Dieses Ende gilt auch für weitere Figuren, die Bilder postadoleszenter junger Männer abgeben, z.B. die Figur *Aragorn*, die zu den Lieblingsfiguren der KinogängerInnen zählt.

Auf einer ersten Ebene lässt sich die Geschichte als eine Inszenierung der männlichen Adoleszenzkrise lesen. Am Ausgang der Krise stehen erwachsene Männer, die sich im Rahmen ihrer Peer Group entwickelt haben und zur Generativität fähig sind. Der Entwicklungsweg führt durch abenteuerliche Widrigkeiten, Ängste und Erprobungen. Er steht im Kontext eines im Film konstruierten und essentialisierten Grundsatzkonflikts zwischen ´Gut und Böse´. Ein wichtiger Teil der adoleszenten Entwicklungsgeschichten ist das inszenierte Generationenverhältnis. Auf der Ebene der konstruierten ´Guten´ wird die Solidarität zwischen älteren und jüngeren Männern hervorgehoben: Alt und Jung halten zusammen. Die Älteren beschützen, lehren, lieben und maßregeln die Jüngeren. Die Jungen lieben die Älteren. Das gilt insbesondere für die Haupthelden, die so genannten *neun Gefährten*, die sich in einer Gruppen aufmachen,

---

und zur Zerstörung treibt. Die Welt, hier *Mittelerde* genannt, steht vor dem Untergang. Sie kann nur dadurch gerettet werden, dass ein auserwählter Junge namens *Frodo* den *Ring* in *das Feuer Mordors* wirft und damit vernichtet. Im Zentrum der Geschichte steht der mörderische Weg des *Ringträgers* mit seinen Begleitern nach *Mordor*. Zu Beginn des Films bricht der Ringträger aus seiner Heimat, dem paradiesischen *Auenland*, auf. Nach zahlreichen Angriffen, Verlusten und Strapazen erreicht er im letzten Teil der Trilogie schließlich *Mordor*, wo der *Ring* nach einem Endkampf vernichtet wird. Die Helden kehren in ihre befriedete Heimat zurück.

35 Die vier werden als *Hobbits* vorgestellt: Kleinwüchsige Leute, kindlich und mit großen Füßen. *Frodo* ist der auserwählte *Ringträger*, *Sam* ist sein Freund, *Merry* und *Pippin* sind zwei Strolche, die viele ´Flausen im Kopf´ haben.

um das Böse zu besiegen. Auf der Ebene der im Film konstruierten ´Bösen´ werden ein unüberwindbarer Konflikt und schließlich der Zerfall der Generationenbeziehungen inszeniert.

Zentral ist in dem Film die männliche Adoleszenz, da überwiegend männliche Protagonisten im Vordergrund der Szenen stehen.[36] Thematisiert werden dabei die männlichen Generationsketten, zum Beispiel die Eingebundenheit in die Reihe der Ahnen und die Auseinandersetzungen mit Vätern und männlichen Autoritäten. Die Protagonisten machen sich ihre Abstammungen, ihre Ahnen, im Hinblick auf Problemhorizonte und Ehrwürdiges bewusst.

Anzumerken ist, dass die Inszenierungen über die Darstellung der Adoleszenzkrise hinausweisen, da sie weiterreichende Prozesse und Konfliktzonen aufzeigen. Der Film hebt hervor, wie Männer aller Generationen im dramatischen Kampf gegen ´das Böse´, wachsen und lernen, zu ihrer Aufgabe im Leben „Ja“ zu sagen. Alle bilden mehr Kraft, Ernsthaftigkeit und Selbstgewissheit aus. Ich werde in meinen Ausführungen auch auf diese Prozesse eingehen, meine Argumentation aber auf die adoleszente Entwicklung und ihren inszenierten Ausgang fokussieren.

Angemerkt sei auch, dass der Gesamtkontext der Inszenierungen der für das Fantasy-Genre typische Kosmos ist, in dem magische Kräfte wirksam werden, und der durch Hierarchien gekennzeichnet ist. Gehorsam, Ehrerbietung und Autoritätsausübung werden durch die Handlungen und Gesten der Protagonisten vorgeführt: Tiefe Verneigungen, demütiges Aufschauen und kämpferischer Widerstand gegen machtgierige, illegitime Herrscher und Autoritäten kennzeichnen die zentralen Interaktionsmuster. Durchbrochen werden diese Darstellungen durch witzige Einlagen, die die ernsten Autoritätsgebärden und das Katastrophische unterbrechen: kindliche Streitereien und Eigensinnigkeit werden humoristisch in Szene gesetzt.

---

[36] Frauen spielen zwar wichtige Rollen. Sie sind jedoch nicht so präsent wie die männlichen Helden. Mütter tauchen nur selten und dann als Bedrohte auf. Mutter-Sohn-Konflikte werden nicht thematisiert.

Manifeste Bedeutungsebenen: Männliche Entwicklungsprozesse und der Entwurf des ´guten Kriegers´

Die Kriegsteilnahme und das Durchleben des Krieges spielen in den inszenierten Entwicklungsprozessen als wesentliche Stationen eine tragende Rolle. Eine wichtige Stufe für jeden ist die Erkenntnis, dass ein Krieg unumgänglich ist und angenommen werden muss. Passivität und Angst werden von den Jungen und Männern überwunden, indem ein „Ja" zur Kampfbereitschaft gegen ´das Böse´ gegeben wird. Diese Wendepunkte werden dramatisch zur Darstellung gebracht. Gezeigt werden Szenen, in denen die Protagonisten nach ihrer eigenen Erkenntnis andere eindringlich von der Notwendigkeit und der Unumgänglichkeit des Krieges zu überzeugen versuchen.[37] Aus den passiv bedrohten Männern werden aktiv handelnde, die dann als Sieger hervorgehen. Diese Entwicklung aus der Passivität hin zur Aktivität wird vor allem im zweiten Teil des Filmes in Szene gesetzt. Sie gipfelt in der Darstellung einer grandiosen Schlacht.[38]

Im Rahmen der Bedrohungen und Kriegshandlungen finden die Veränderungen der Einzelnen zu idealen Männern statt. Der Protagonist *Aragorn* wird zum Beispiel vom zurückgezogenen Zweifler zum grandiosen Krieger, der die Hoffnung auf eine positive Wende nicht aufgibt und schließlich die Führung seines Landes furchtlos übernimmt. Alle Helden werden im und durch den Krieg gestärkt und geläutert und stehen schließlich für Reinheit, die im Kampf zwischen ´Gut und Böse´ bewiesen wurde. Die ´Bösen´ vergehen.[39]

Alle Protagonisten werden zu Beginn der Geschichte in der Konfrontation mit Gefahr defensiv, naiv und ängstlich gezeigt: Ihnen fehlt Mut, Kraft oder eine klare Sicht. Aus dieser Perspektive handelt es sich zunächst um schwache, eher passive Jungen und Männer. Sie werden durch Kräfte im Außen gezwungen, in neue Situationen einzutreten und so zu wachsen. Ihr Wachstum vollzieht sich

---

37 Vgl.: Sendeschema *Der Herr der Ringe,* Teil 2, Szene 5 a, Szene 7 b und Szene 9 c.

38 Vgl.: Sendeschema *Der Herr der Ringe,* Teil 2, Szene 8 und Szene 9 c.

39 *Denethor,* ein als ungerecht und machtgierig gezeichneter Herrscher und Vater verbrennt beispielsweise am Schluss in lodernden Flammen.

durch das Erleben von Extremsituationen[40], in denen die Einzelnen zunächst keine Handlungsanleitung und wenig Mittel zur Verfügung haben. Sie werden verfolgt, angegriffen und getroffen. Stets entgehen sie nur knapp ihrem Untergang. Ein Sieg, das Überleben angesichts der bösartigen Übermacht, erscheint unmöglich. Die Heimat ist das verlorene friedliche Paradies, um das gekämpft und das im schmerzhaften Kampf immer wieder sehnsüchtig erinnert wird.[41]

Ich möchte bereits hier anmerken, dass die Entwicklungsgeschichten körperintensiv zur Darstellung gebracht werden und dass in den Phantasien der kämpfenden Männerkörper gleichermaßen Frauenphantasien aufgehoben sind. Die Attraktion der Gruppe und die Körperphantasien sind für Mädchen und Frauen vollständig identifikationsfähig. Festgehalten werden muss, dass die *Ring*-Phantasie im Wesentlichen, der kulturellen Tradition folgend, an Männerkörpern dargestellt wird. Diese tragen jedoch zum Teil weibliche Züge oder sie sind androgyn gestaltet. Ich werde dies an späterer Stelle in meinen Beschreibungen verdeutlichen, komme jetzt jedoch zunächst zurück zu zentralen Elementen der inszenierten Entwicklungsgeschichten.

Im Kontext des Kampfes zwischen ´Gut und Böse´ werden zentrale Konfliktlinien in Szene gesetzt, die am Ende der Entwicklungsprozesse befriedet sind. Sie verlaufen innerhalb der Charaktere, zwischen einander und zwischen Großgruppen[42]. Am stärksten wird die innere Zerrissenheit zwischen dem im Film dargestellten ´Guten und Bösen´ in der Figur *Gollum* in Szene gesetzt. Es wird gezeigt, wie in ihr zwei Seiten toben: Diene ich der Zerstörung oder den Rettern? In drängenden Monologen wird dieser innere Konflikt vorgeführt. *Gollum* erliegt am Ende der Verführung durch die Anziehungskraft ´des Bösen´ und stirbt als Opfer seiner Gier.

---

[40] Dazu gehören die Kriegssituationen, aber auch magische Angriffssituationen: So wird beispielsweise ein Berg, den die Gefährten überwinden müssen, zum Einstürzen gebracht.

[41] Vgl.: Sendeschema *Der Herr der Ringe,* Teil 3, Szene 10 e.

[42] Dies wird am Zusammenschluss verfeindeter Volksgruppen wie beispielsweise der Menschen und der *Elben* deutlich, dem Anstrengungen und Gefahr vorausgegangen sind.

Der Film inszeniert, wie an diesem Beispiel verdeutlicht, moralische Positionierungen. Werde ich ´gut´ oder ´schlecht`? Im Film wird die Beantwortung dieser Frage zu der zentralen gemacht. Um sie kreisen alle Handlungen. Im Sehvorgang wird sie ekstatisch miterlebt: Bin ich tugendhaft oder ´böse´? Das Entwicklungsziel der Jungen und Männer ist, und das wird durch die endlosen Prüfungsketten auf dem Weg der Helden sichtbar, die Ausbildung von idealer Tugendhaftigkeit.

Angemerkt sei, dass bereits am Ausgangspunkt der Geschichte deutlich gemacht wird, dass die ´Guten´ über Potentiale verfügen, die das Bild ängstlicher, moralisch instabiler Jungen und Männer transzendieren.

Es sind *besondere* Jungen und Männer, die sich gegen die als böse Konstruierten aufmachen und sie schließlich besiegen. Die Szenengestaltung hebt subtil hervor, dass in ihnen das Potential der Unschuld und Tugendhaftigkeit angelegt ist: Es ist ihre Unschuld, die sie ängstlich sein lässt, keineswegs jedoch Feigheit oder Unwillen. Ihre Zurückhaltung verweist immer auch auf Grandiosität.[43] Die Verführungsmacht des *Ringes* stellt die Protagonisten auf die Probe und diese stellen ihre Integrität unter Beweis. Verräter können durch ihren Opfertod im Kampf für ´die gute Sache´ ihre Reinheit und damit ihre Ehre wieder erlangen, so die Konstruktion.

Die Tugenden, die zu dem idealen Entwurf des ´guten Kriegers´ gehören sind Freundschaft, Treue zur Gruppe, Respekt vor Autoritäten. Bescheidenheit und die Bereitschaft zum Selbstopfer werden als attraktive Positionen vorgeführt: Der Kampf gegen die zerstörerische Macht wird in der Gruppe aufgenommen. Die Kraft der Männergemeinschaft ergibt sich, so die Filmkonstruktion, aus der Treue zueinander. Treue zur Gemeinschaft und treue Freundschaft verbunden mit der Bereitschaft, das eigene Leben zu opfern, werden dem ´Bösen´ entgegengesetzt. Zerbricht die Gruppe, das heißt, wird

---

43 Die Strolche *Merry* und *Pippin* lernen im Lauf der Geschichte den Ernst des Lebens kennen. Sie sind zu Beginn triebhaft, auf Essen, Trinken und Genuss aus. Sie lernen zu erkennen, dass das gute Leben nicht einfach da ist, sondern im Krieg verteidigt werden muss. Ihre Handlungen zu Beginn des Films zeichnen sie zugleich als harmlose und liebenswürdige Jungen aus, die belustigende Streiche spielen.

ein Mitglied untreu, dann scheitert die Gruppe als ganze - so die Konstruktion.

Zentrale Darstellungselemente und Affekte

Bevor ich exemplarisch zentrale Entwicklungsgeschichten erläutere, möchte ich im Folgenden wichtige Darstellungselemente voranstellen, die die für den Film spezifischen Affekte und Phantasien mobilisieren. Sie sind mit dem idealen Entwurf des ´guten Kriegers´ verbunden. Dazu gehören die Ästhetisierung der Gruppen, die Musik, die Sprache und das Tempo.

Zur Ästhetik: Die Inszenierungen der Wachstums- und Lernprozesse sind von der Auseinandersetzung der Jungen und Männer mit dem Tod geprägt. Die Protagonisten befinden sich in einer Situation des drohenden Untergangs. Todesangst, Verlust und Trauer sind angesichts des Krieges und der Macht der zerstörerischen Kräfte stets präsent. Diese Erfahrung wird beim Zuschauen erlebt, sie enthält durch die Ästhetisierung aber auch eine erhebende Komponente: Die Haupthelden sind wunderschön und haben perfekte Körper und Gesichter. Diese behalten sie auch in den Kriegshandlungen und den Momenten des Todes. Die sterbenden Männer sind zwar vom Kampf erschöpft, aber schön. Sie sterben in zauberhaften Gewändern und lieblichen Landschaften. Der Tod wird durch diese Ästhetisierung und die Inszenierung des Selbstopfers zu einer zwar traurigen, aber zugleich erhebenden Erfahrung.

Auch in den Situationen der Angst und Bedrängnis sehen die Helden außeralltäglich schön aus. Gezeigt werden sie mit aufgerissenen Augen und Mündern. Die Spuren des Kampfes sind niemals Makel, die die Gesichter entstellen und daher unangenehm erscheinen lassen. Vielmehr erscheinen die Gesichter und Körper wie Ausschnitte aus Gemälden. Man sieht die Helden nicht in tatsächlichem Kontrollverlust.

Zarte, elegant gewandete Krieger liegen mit lieblichen, blassen Gesichtern auf dem Schlachtfeld. Sie sehen jung und unschuldig aus. Sakrale Klänge und Gesänge begleiten diese Bilder. Sie geben eher androgyne als traditionell männliche Bilder von Kriegern ab.

Dieses Moment spielt auch in der Rezeption eine Rolle.[44] Eine andere Rolle spielen die Krieger ´des Bösen´. Sie sind als hässliche Kreaturen gezeichnet, die infantile Laute ausstoßen. Sie haben keine Gesichter und keine individuellen Geschichten. Daher können sie - im Gegensatz zu den Helden mit gutem Gewissen und sogar lustvoll getötet werden.[45]

Die Protagonisten präsentieren eher bestimmte Typen mit spezifischen Konflikten als komplexe Charaktere. In kurzen Sequenzen sind Körperpositionen in ´unendlichen Weiten´, Tiefen und Höhen zu sehen. Die Szenen wirken insgesamt wie bewegte Gemälde, untermalt von Musik oder Wortgesang.

In diesen ´Gemälden´ werden in zahllosen Varianten die folgenden Beziehungsfiguren und Tugenden fokussiert: Beschützen und beschützt werden, Treue bis in den Tod, geliebt werden, liebevolle Unterweisung, unbegrenzte Freundschaft und uneingeschränkte Opferbereitschaft für die eigene Gruppe. Diese Beziehungs- und Interaktionsmuster sind im Erleben von Bedeutung. Sie sind für Frauen wie Männer gleichermaßen attraktiv. Es kommt im Filmerleben nicht so sehr zu einer Identifikation mit den Geschlechtermodellen, sondern es geht vor allem um die Identifikation mit den Beziehungsmustern der Helden.

Zur Sprache: Die Sprache hat diskursive Elemente, ist aber eher als präsentative Symbolik angelegt, was bedeutet, dass die Dialoge wie Gedichte gestaltet sind.[46] Sie sind melodisch, folgen harmonischen Rhythmen und bedienen sich einer altertümlichen Sprache: „Und doch ist es der Weg, den wir zu gelangen suchen“.[47] „Ich habe Euch verraten“.[48] Auch dieser Aspekt feminisiert die Helden, die zugleich immer auch traditionelle Kriegskameraden verkörpern. Dialoge, die in Phantasiesprachen ablaufen, verstärken den lyrischen Gehalt und flechten sich in die Todesästhetik ein. Die Bild-

---

[44] Vgl. den Beitrag von Astrid Vormschlag in diesem Band.

[45] Die Fremdheitsprojektionen sind an anderer Stelle ausführlicher dargestellt, vgl. Stach 2011 (im Ersch.).

[46] Alfred Lorenzer erläutert die Unterscheidung von diskursiver und präsentativer Symbolik, vgl. Alfred Lorenzer 1988.

[47] Vgl.: Sendeschema *Der Herr der Ringe,* Teil 3, Szene 2 a.

[48] Ebd.

kompositionen in Verbindung mit den Rederhythmen und der pompösen Musikuntermalung verleihen den Szenen Intensität. Es ist eine Intensität, die vor allem Melancholie, die Erfahrung von Bedrohung, Schmerz und Sehnsucht aber auch Grandiosität ausdrückt.

Auf dieser Ebene des Filmerlebens dominieren Sehnsucht, Hingabe und Melancholie, die sich an den Heldenbildern festmachen. Diese werden auch durch die spirituelle Ebene des Films mobilisiert: Es werden Gebete gesprochen, Gesten der Segnung vollzogen und überirdische Kräfte angerufen. Diese sakralen Elemente kommen vor allen Dingen in Szenen zum Einsatz, in denen die Protagonisten mit Todeserfahrungen konfrontiert sind, das heißt mit Trennung, Verlust und Trauer. Kriegsrhetoriken und Sakrales werden dabei miteinander verbunden: „Du hast tapfer gekämpft. Friede sei mit Dir."; „Er ist gefallen. Gott segne Dich". Der Tod, der zugleich schmerzhaften Verlust und heldenhaftes Opfer bedeutet, verleiht den Handlungen und Ereignissen Tiefe und Intensität. Die Protagonisten stehen permanent in der Gefahr, sterben zu müssen oder den Verlust von Gefährten, Verbündeten, Freunden oder ganzen Völkern hinnehmen zu müssen. Diese Darstellungen verstärken die Erfahrung von Bedeutung und Hingabe[49]. Sie erzeugen im Filmerleben auch die eindeutige Selbstpositionierung auf der Seite ´der Guten´ und den Glauben an die Polarisierung von ´Gut´ und ´Böse´.

Die Verfolgung durch ´das Böse´ wird als Auge gezeigt, das alles sieht und jeden findet, den es finden will. Es verfolgt die Helden stets. So weist der Film ein hohes Tempo auf, das mit einem spezifischen Rhythmus und der Todesthematik verbunden ist: Eine Gefahr droht, die Protagonisten sind eigentlich unterlegen. Es gibt nur minimale Hoffnung. Dann können die Helden das Schicksal wenden und vernichten den Feind. Sie entkommen knapp, doch dann geht der gleiche Rhythmus wieder los: Angriff – Verteidigung – knappes Entkommen, manchmal mit Verlusten – kurze Pause – neuer Angriff. Dieser Rhythmus durchzieht alle drei Teile mit Ausnahme des etwas längeren Einstiegs in den Film und dem sich länger hinzie-

---

[49] Vgl.: Sendeschema *Der Herr der Ringe*, Teil 1, Szene 9 a: *Gandalfs* Tod; Teil 1, Szene 10 a: *Boromirs* Tod; Teil 2, Szene 8: *Haldirs* Tod; Teil 3, Szene 9 e: *Theodens* Tod.

henden Abschluss des Films nach Beendigung der Kampfhandlungen. In der Phantasie übersetzt er sich in eine Dynamik von Angst-Lust, die um Überwältigung kreist. Ist der Tod nicht abzuwenden, setzen Zeitlupe und sakrale Musik ein: Eine Frauenstimme oder ein Frauenchor. Die Melodien verweisen auf das Jenseits und vermitteln den Schmerz des Verlustes. Das Klangerleben ist aufgrund der Schönheit erhebend und der Schmerz enthält etwas Wunderbares.

Ich erläutere eine beispielhafte Szene, die den Tod mit diesen Elementen als schmerzhaft und wunderbar erlebbar macht:

Nachdem die *Gefährten* den Verfolgern nur knapp entkommen konnten, stellt sich der Anführer *Gandalf* mit magischen Kräften gegen ein Ungeheuer, das die *Gefährten* bedroht. Er wird schließlich in den Abgrund gerissen. Die Szene geht in Zeitlupe weiter: Gezeigt wird *Frodo,* wie er mit aufgerissenen Augen in *Gandalfs* Richtung strebt. *Boromir* hält ihn zurück und rennt, ihn auf den Armen tragend, aus der Höhle, um ihn und sich in Sicherheit zu bringen. Der Ton geht aus, die Kamera fokussiert die entsetzten Gesichter. Zu sehen ist schließlich *Frodo,* wie er aus todtraurigen Augen zu der Höhle zurückschaut. *Sam* weint. *Aragorn* mahnt angesichts der Gefahr zum Weitermarsch. Ein anderer schreit: „So lass ihnen doch wenigstens ein bisschen Zeit."

Die Todesthematik ist, wie auch in dieser Szene deutlich wird, mit der Inszenierung der Bereitschaft zum Selbstopfer sowie mit der Prüfung der Reinheit verbunden. Die Kämpfer werden auf diese Weise zu grandiosen Figuren: Mutig nehmen sie den Tod in Kauf. Im Angesicht des Todes entwickeln sie sich. Der Tod, genauer gesagt, das Selbstopfer, wird so zu einem beängstigenden, aber auch großartigen Ereignis, das beim Zuschauen rauschhaft miterlebt wird. *Gandalf* kehrt erstarkt im zweiten Teil der Trilogie zurück. Durch Inszenierungen wie diese, wird das Selbstopfer zum idealen Entwurf, die darin liegende Hingabe zur ersehnten und ekstatisch miterlebten Erfahrung.

Entwicklungen des ´Auserwählten´ und der Idealtyp des ´treuen Freundes´

Ich komme zu den Entwicklungsgeschichten. Die Figur *Frodo* gibt im Film einen Typus des Auserwählten ab. Sie ist mit der Rahmenhandlung verbunden. Dem ´Auserwählten´ wird der ´treue Freund´ an die Seite gestellt (*Sam*.) Ich gehe zunächst auf den Typus des Auserwählten ein, der zu Beginn der Handlungen, wie auch sein Freund, als präadoleszenter Junge auftritt.

Frodo wird als besonders intelligenter und geliebter Junge vorgestellt, der im Idyll lebt. Er hebt sich, das machen die Inszenierungen deutlich, von seinen Landsleuten ab. Diese sind zwar lebensfreudig und zünftig, aber zugleich beschränkt. Die Figur *Frodo* wird von vorn herein herausgehoben. Ängstlich, aber gehorsam übernimmt *Frodo* seinem Auftrag, den so genannten *Ring des Bösen*, aus seiner Heimat fortzubringen. Sein Freund *Sam* begleitet ihn. In einer Versammlung wird deutlich, dass der *Ring* in das Zentrum der Zerstörung gebracht werden muss, damit er vernichtet werden kann. Alle wissen, dass dies eine aussichtslose Unternehmung ist. Im Tumult meldet sich der in dieser Szene als besonders klein hervorgehobene *Frodo*: „Ich nehme den *Ring*. Ich werde den *Ring* nach *Mordor* tragen - auch wenn ich den Weg nicht weiß.“[50]

Als *Ringträger* wird er von Gestalten gejagt, die den *Ring* an sich reißen wollen. Er wird herumgewirbelt, gestoßen und verletzt. *Frodo* ist aber, und das wird in vielen Szenen deutlich, von besonderer Reinheit, so dass er den *Ring* tragen und, wenngleich risikoreich, in lebensbedrohlichen Situationen, nutzen kann. Außer ihm kann das niemand. Es wird auch gezeigt, dass *Frodo* selbst sieht, wie er mehr und mehr dem *Ring* verfällt und schwächer wird. Er greift seinen Freund und Begleiter *Sam* an. Doch schließlich ist sein Opfergang erfolgreich: Er vernichtet - mit Hilfe seines Freundes - den Ring.

Wie wird die Entwicklung ´des Auserwählten´ zu Ende geführt? Unheilbar verwundet, kann *Frodo* nach der Vollendung seiner Aufgabe kein normales Leben mehr führen. Dieses Leben ist das Opfer, das er bringen muss. In einer traurigen Abschiedszene verlässt er

---

[50] Vgl.: Sendeschema *Der Herr der Ringe*, Teil 1, Szene 5 c.

seine Freunde.[51] Seine Entwicklung geht der Selbstauflösung entgegen: Er ist unheilbar verwundet und verwandelt sich durch seinen Opfergang zu einer Lichtgestalt, womit er nicht mehr zu den Erdbewohnern gehört.

Welchen Entwicklungsverlauf nimmt demgegenüber die Figur des ´treuen Freundes´?

Der Typ des treuen Freundes verkörpert die gegenteilige Entwicklung zum ´Auserwählten´. Er entwickelt sich vom zünftigen, etwas zaghaften Jungen zu einem mutigen Begleiter. Bodenständigkeit zeichnet ihn von Anfang an aus. Er schaut Mädchen hinterher und feiert ausgiebig mit Bier und Tanz. Zum Schluss ist er ein Mann, der ernsthaft ist, die Welt gesehen und viele Abenteuer erlebt hat. Von ihm können am Ende großartige Geschichten erzählt werden.[52] *Sam* heiratet am Schluss und wird Familienvater.

Zu Beginn jedoch wird ´der treue Freund´, wie gesagt, als ängstlich und begrenzt in Szene gesetzt. Ich gebe ein Beispiel: Als *Sam* mit *Frodo* an die Grenze seines Heimatgebiets kommt, bleibt er beklommen stehen. *Frodo*: „Was ist *Sam*?“ *Sam* erwidert mit großen Augen: „Ich habe noch nie die Grenze des *Auenlandes* überschritten.“ Dann macht er, begleitet von einem Schauder, einen großen Schritt über die Grenzlinie. *Frodo* schaut ihn mit weichen Augen an und spricht sanft seinen Namen.

Sam ist derjenige, der treu an der Seite von *Frodo*, dem Auserwählten, bleibt. Sein Mut und seine Treue führen den Ringträger schließlich zum Ziel. Aus der Inszenierung wird deutlich, dass es *Frodo* ohne die Treue seines Freundes nicht geschafft hätte. *Sam* beweist seine Reinheit durch seine Treue und Beharrlichkeit. In folgender Szene gipfeln seine Tugenden: Auf dem letzten Stück des Weges greift *Frodo Sam* an, den er, da er vom *Ring* verblendet ist, nicht mehr als Freund erkennen kann. *Sam* weicht dennoch nicht von seiner Seite. Er trägt den *Ring* sogar ein Stück, um ihn dann dem rechtmäßigen Träger wieder zurück zu geben. So bewährt er sich in der Probe.

---

51 Vgl.: Sendeschema *Der Herr der Ringe*, Teil 3, Szene 3.

52 Vgl.: Sendeschema *Der Herr der Ringe*, Teil 2, Szene 10 b.

Die Figur des treuen Freundes wirkt attraktiv. Sie ist für viele eine Lieblingsfigur. Stellt man sie sich ohne den Kontext der grandiosen Kämpfe vor, wäre *Sam* ein Junge, der nicht zur Abgrenzung fähig ist, sich schlecht behandeln lässt und alles hinnimmt. Er wäre kein konturiertes Gegenüber, das auch ein Korrektiv sein könnte. Attraktivität erhält die Figur lediglich durch seinen Beitrag im grandiosen Gesamtgeschehen. Die Tugendvorstellung ewiger Freundestreue, die im einen Fall erhofft und erhalten, im anderen Fall gegeben wird, ist eine Fiktion und als Entwurf daher zu hinterfragen.

Der Idealtyp des ´guten Kriegers´: Die Figur *Aragorn*

Ich möchte anhand der Figur *Aragorn* eine weitere Entwicklungsgeschichte darstellen, die in der Trilogie eine zentrale Rolle spielt. Sie ist für die Inszenierung des Idealtypus des ´guten Kriegers´ charakteristisch und gilt als Lieblingsfigur des Publikums. Wie ist diese Figur konstruiert, und welche Entwicklung nimmt sie?

Die Entwicklungen sind, wie ich bereits ausgeführt habe, stets mit der Frage verknüpft, ob sich die Helden als resistent gegenüber ´dem Bösen´ und damit als rein erweisen werden. Auch beinhalten die Prüfungen stets die Frage nach der Bereitschaft zum Selbstopfer. Ist die Prüfung bestanden, ist eine neue, gute Entwicklungsstufe erreicht. Wie bei allen wichtigen Figuren wird die innere Auseinandersetzung mit der Frage - bin ich ´gut´, oder bin ich verführbar und `böse´? – auch bei *Aragorn* dramatisch inszeniert.

Aragorn zögert zunächst, sich dem Kampf gegen das heraufziehende ´Böse´ zu stellen, da sein Vorfahre diesem verfallen und untergegangen ist. Dieser hatte als Herrscher großes Leid erzeugt, so dass *Aragorn* angesichts der in der Ahnenreihe sichtbaren Anfälligkeit für ´das Böse´ defensiv und ängstlich im Exil verharrt: „Dasselbe Blut fließt durch meine Venen. Die gleiche Schwäche."[53] ´Das Böse´ ist hier, wie ich an der Figur *Gollum* bereits beschrieben habe, als Machtgier konstruiert, die einen Sog ausübt: Einmal in Berührung mit ihr zu sein, bedeutet, der Sucht zu verfallen, andere unterjochen

[53] Vgl.: Sendeschema *Der Herr der Ringe,* Teil 1, Szene 5.

zu wollen und zu bekämpfen, bis der Machthunger die eigene Person auslöscht. Vergegenständlicht ist die Verführbarkeit zur Macht im *Ring* ´des Bösen´, der, wie ich in der Diskussion um die Figur *Frodo* ausführte, unangreifbar macht, aber schließlich seinen Träger zerstört.

Mit den Bildern der Verwicklung der Ahnen durch den *Ring* beginnt der Film. *Aragorn* zweifelt aufgrund der Vorstellung, dass die Anfälligkeit zur Verführung ´vererbt´ wird, an seiner Kraft, diesem Sog widerstehen zu können und verharrt in niederrangiger Position.[54] Die Szenen verdeutlichen mit diesen Konstruktionen: Sein Motiv ist edel: Er verzichtet auf seine rechtmäßige Position als König, und entsagt der Machtausübung vollständig.

Bei der Figur *Aragorn* spielt die inszenierte Intimität zu seiner Liebesgefährtin eine zentrale Rolle. Die Liebesgefährtin tritt als engelhafte Gestalt auf, die unsterblich ist. Für ihre Verbindung mit ihm muss sie ihre Unsterblichkeit aufgeben. Dazu ist sie aufgrund ihrer Liebe entschlossen.

Die Geliebte verheißt *Aragorn,* dass er ´ein Guter´ bleiben und ´das Böse´ besiegen wird. Er sei ein anderer als sein Vorfahre: „Du wirst dem gleichen Bösen gegenüber stehen. Und Du wirst es besiegen."[55] Immer wieder erhält der kämpfenden *Aragorn* später Kraft durch Erscheinungen dieser Geliebten.

Aragorns Befürchtung, er könnte der Anziehungskraft des ´Bösen´ nicht widerstehen, bleibt jedoch für ihn selbst bis zu seiner Prüfung zu einem späteren Zeitpunkt bestehen.

Zur Figur *Aragorn* gehört ganz wesentlich, dass er gehorsam gegenüber den etablierten Autoritäten ist. Der Vater seiner Geliebten untersagt ihm die Verbindung mit ihr, weil die Sterblichkeit für seine Tochter einen zu hohen Preis bedeute. Er gehorcht, bis der Vater schließlich doch seine Einwilligung gibt.[56] Die Szenen zeigen: Entsagung, Selbstlosigkeit und Respekt vor Autoritäten charakterisie-

---

[54] Er wird als *Waldläufer* beschrieben, der fremdartig und etwas unheimlich ist.

[55] Vgl.: Sendeschema *Der Herr der Ringe* Teil 1, Szene 5.

[56] So wird auch an dem Protagonisten *Aragorn* eine adoleszente Thematik, hier in Verbindung mit elterlichen Autoritäten, deutlich: Verbot der ausgesuchten Partnerin, Einmischung der Eltern in die Partnerwahl. Die Inszenierung ist konventionell gestaltet.

ren die Figur *Aragorn* samt seines selbstkritischen Blickes: Er geht davon aus, dass ihn der Machthunger ergreifen könnte und misstraut sich. Damit erscheint er als integere Person. Wird er wahrheitsgemäß als „rechtmäßiger Erbe" des Königreichs angesprochen, winkt er sofort bescheiden ab.[57] Die Art des inszenierten Selbstmisstrauens unterstreicht die Reinheit seiner Motive.

Die Szenen der Demut und des Gehorsams sind gleichzeitig narzisstisch aufgeladen, wenngleich eine narzisstische Haltung zurückgewiesen und durch die inszenierten Bescheidenheits- und Ehrerbietungsrituale des Helden das Gegenteil behauptet wird. Im Filmerleben genießt man grandiose Selbstvorstellungen: Als bescheiden anerkannt sein und sich gleichzeitig innerlich als grandios, tugendhaft und königlich zu imaginieren. Eine Identifikation mit dieser Position ist für das männliche wie für das weibliche Publikum attraktiv.

Wie verläuft die Entwicklung der Figur *Aragorn* und worauf läuft seine Geschichte am Ende hinaus? Angesichts der drohenden Katastrophe schließt er sich der Gruppe, die die Rettungstour antritt, an. Er erklärt sich bereit, den *Ringträger* mit seinem Schwert zu schützen und wenn nötig, sein Leben dafür zu geben. Die Szene macht die ideale Haltung deutlich, dass nichts gegenüber dieser Aufgabe, Bedeutung hat, auch das eigene Leben nicht.

Aragorn erweist sich als schlagkräftiger Kämpfer, der sich mit seinem Schwert mutig und erfolgreich gegen hunderte und tausende feindlicher Kämpfer stemmt, um dem *Ringträger* den Weg frei zu machen. Dabei wird er immer bedürfnislos und defensiv in Szene gesetzt: Er würde niemals von sich aus losschlagen.[58] Die Identifikation ermöglicht in diesen Szenen, die einen wesentlichen Anteil der Trilogie ausmachen, die Phantasie von sich selbst als übermenschlich stark. In dieser Phantasie darf ich ungehemmt Aggressionen ausleben und bleibe dabei moralisch integer. Die Gewalt erscheint angesichts der Reinheit und der Übermacht der Anderen als legitim und erzeugt daher keinen moralischen Konflikt. Die andere Seite

---

57 Vgl.: Sendeschema *Der Herr der Ringe*, Teil 1, Szene 5 c.

58 George Mosse hat mit der Entstehung der bürgerlichen Gesellschaft in Deutschland die Herausbildung eines solchen „männlichen Stereotyps" ausführlich analysiert und erläutert, vgl.: George L. Mosse 1997.

der Phantasie beinhaltet das Gefühl, beschützt zu werden, das durchgehend im Sehvorgang eine wichtige Rolle spielt. Sie ist mit der Vorstellung des mächtigen Begleiters aufgeladen, der alles für die Seinen tut, damit sie in Sicherheit sind. So dominieren die Phantasien entweder der grandiose, selbstlose Beschützer zu sein, oder der/die Beschützte.

Die Angst, dem Ring, und damit der Machtgier und Zerstörungswut zu verfallen, bleibt für die Figur *Aragorn* bis zuletzt virulent. In seiner letzten Prüfungssituation erlangt *Aragorn* Gewissheit über seine Reinheit und Immunität: Er weiß nun, dass er dem *Ring* widerstehen kann, unabhängig von der Geschichte seiner Ahnen. Seine Tugendhaftigkeit triumphiert über die Macht des biologisch-geistigen Erbes. Nach diesem Erweis kann er seine Identität als König anerkennen und sich seiner Machtposition im Kampf gegen die Feinde bedienen, zum Beispiel, wenn er Heere anheuert, die sonst niemand anheuern kann.[59]

Die Bilder der Prüfungsszene zeigen *Aragorn* selbstlos im Kampf. Die narzisstische Dimension dieser Wandlung wird in der Szene dadurch erträglich gemacht, dass sein Gegenüber ihn als König spiegelt und er lediglich mit einem Blick der Erkenntnis gezeigt wird. Ich führe die Prüfungsszene zur Veranschaulichung aus:

Der *Gefährte Boromir* verfällt dem Sog des *Ringes*. Im Kampf mit *Boromir* nutzt *Frodo* den *Ring*, indem er ihn ansteckt, um allein weitergehen zu können.[60] *Frodo* wird durch die Magie des *Ringes* in eine Art Trance versetzt. Er wird nah an den Turm von *Mordor* herangezogen. Als er den *Ring* vom Finger zieht, kehrt er aus diesem Zustand zurück und schlägt - von *Boromir* entfernt - hart auf dem Waldboden auf. *Frodo* erwacht aus der Trance. Plötzlich stampft ein Fuß neben ihm auf. Die Szene entfaltet sich hektisch: Es ist *Aragorn*, der auf ihn zuläuft. *Frodo* rennt weg und schreit: „Er hat sich *Boromirs* bemächtigt“. *Aragorn* ruft streng: „Wo ist der *Ring*?“ *Frodo*: „Bleib, wo Du bist!“ *Aragorn*: „Ich hab geschworen, Dich zu be-

---

59 Vgl.: Sendeschema *Der Herr der Ringe*, Teil 3, Szene 7 c.

60 *Frodo* kann als auserwählter *Ringträger* als einziger den *Ring* tragen und in solchen Situationen nutzen. Der *Ring* verleiht ihm Kraft, mit der er aus gefährlichen Situationen fliehen kann. Das Tragen und der Gebrauch des *Ringes* schwächen ihn aber auch zunehmend.

schützen!" *Frodo*: „Kannst Du mich auch vor Dir selbst beschützen?" Die Kamera fokussiert *Aragorns* Gesicht: Er schaut zögernd auf den *Ring*, den *Frodo* ihm in der offenen Hand hinhält. Es ist der Test, der zeigen wird, ob *Aragorn* ´dem Bösen´ widerstehen kann, oder ob auch er nun der Gier zum Opfer fallen wird. Er geht mit langsamem Schritt auf *Frodo* zu. Es ist still. Dann ruft eine männliche Stimme flüsternd aus dem *Ring* nach ihm: *Aragorn*!!! Sakraler Frauengesang setzt ein. *Aragorns* Augen sind nach wie vor auf den *Ring* gerichtet. Mit einem Ruck ergreift er die offene Hand *Frodos*, in der der *Ring* liegt. Er kniet vor *Frodo* nieder, schließt die Hand sanft und schiebt sie mit warmem Blick an *Frodos* Körper heran. Mit beschwörender Stimme haucht er: „Ich wäre bis zum Ende mit Dir gegangen." *Frodo* erwidert sanft: „Ich weiß. In dem Moment trifft ein riesiges Heer ein, tosende Musik durchbricht die Stille. *Aragorn* bedeutet *Frodo* zu fliehen und nimmt den Kampf mit den unzähligen Kampfmaschinen auf. Die Szene geht weiter mit der Läuterung eines Verräters durch das Selbstopfer und *Aragorns* zentraler Erekenntnis, dass er ein König ist. Ich führe die Szene weiter aus:

Bei diesem Angriff stemmt sich auch der *Gefährte Boromir*, „vom Sog des *Rings* wieder ernüchtert", gegen die Feinde und wird bei dem Versuch, die *Hobbits* vor den Kämpfern zu schützen, nahezu hingerichtet. *Aragorn* springt dem Sterbenden zu Hilfe und legt sich an seine Brust. *Boromir*: „Ich habe Euch verraten." *Aragorn*: „Nein, Du hast tapfer gekämpft." *Aragorn* schwört *Boromir* im Angesicht des Todes, alles zu tun, um dem „Guten" zum Sieg zu verhelfen. Schleppend flüstert *Boromir* seine letzten Worte, dazu ertönt tragische Musik: „Ich wäre Dir gefolgt mein Bruder. Mein Hauptmann. Mein König." *Boromir* stirbt. *Aragorn* kreuzigt sich und segnet den Verstorbenen: „Friede sei mit Dir". Er küsst ihn zum Schluss der Szene sanft auf die Stirn. Als er aufsteht, ist klar, dass er seine Aufgabe nun kennt: Er ist der König.

Die Szene zeigt, dass *Aragorn* sich als resistent gegenüber der Machtgier erweist. Sie zeigt ein grandioses Bild von Selbstlosigkeit und Opferbereitschaft. Als „Diener des Guten" nimmt er sich mit allen menschlichen Bedürfnissen zurück. Er verzeiht *Boromir* den Verrat und erkennt, dass er König ist.

Im zweiten Teil, der sich hauptsächlich um die Schlacht bei *Helms Klamm* dreht, wird die Figur *Aragorn* vor allem als Krieger gezeichnet. Kraft geben ihm die Worte seiner Geliebten *Arwen*, an die er sich aus der Ferne erinnert. Im dritten Teil erweist er sich schließlich als treuer Geliebter. Er weist *Eowyn*, eine Frau, die ihn begehrt, ab und widmet sich allein seinem Kampf. Doch wie wird seine Lebensgeschichte in der Trilogie zum Abschluss gebracht? Nach dem Sieg im Kampf tritt *Aragorn* sein Amt als König an und heiratet *Arwen*. Mit einem Kuss für *Arwen* und guten Worten, die er an sein Volk und die *Gefährten* richtet, endet seine Geschichte.[61] Er singt ein melodisches Lied und richtet sich an das Volk: „Und von nun an leben wir in Frieden."[62]
Die vorbildliche Entwicklung der Figur *Aragorn* endet mit dem Bild des Ehemannes und guten Staatslenkers. Intimität und Berufsrolle sind integriert.

Was bedeutet ´das Böse´? – Manifeste Ebenen

Was ist ´das Böse´ im Film? Wie ist es gestaltet? Und worin liegt die Wunscherfüllung in der Auseinandersetzung mit ´Gut und Böse`? Ich möchte im Folgenden eine Szene beschreiben und anschließend an dieser Szene die Sinnebenen des auf manifester Ebene als ´Böse´ konstruierten diskutieren. Ich erläutere die Szene:

König *Theoden*, der als ein weicher Mann und Vater vorgestellt wird, wurde von einem „Diener des Bösen" zur Marionette gemacht. Er registriert den Tod seines Sohnes nicht und spielt – bewusstlos – ´dem Feind in die Hände´. Mit verschimmeltem Gesicht sitzt er handlungsunfähig im Thronsessel und befielt seinen Männern, was sein verhängnisvoller Diener ihm einflüstert. Die *Gefährten* verjagen den bösen Geist durch eine witzige List und exorzistische Riten. Wieder erwacht, wird dem König der Tod seines Sohnes schmerzlich bewusst. Er steht in weiter Landschaft vor einem Grab-

61 Der Film endet noch lange nicht. Der Abschluss der Rahmenhandlung nimmt nach dem Abschluss dieser Geschichte von *Aragorn* noch einen großen Raum ein.

62 Vgl.: Sendeschema *Der Herr der Ringe*, Teil 3, Szene 11 b.

eingang. Der Himmel leuchtet rot, während die Sonne langsam untergeht. Es ist das Grab der Ahnen und Urahnen, wo nun auch sein Sohn begraben liegt. *Theoden* weint. Tränenüberströmt und mit erstickter Stimme spricht er: „Kein Vater sollte seinen Sohn zu Grabe tragen. Die Jungen sterben und die Alten verweilen." Sakrale Musik begleitet diese Rede. Die Kamera fokussiert dann die Figur *Gandalf*, der sich pietätvoll abseits vom Trauernden hält und mit gesenktem Kopf und geschlossenen Augen ein melodisches Gebet spricht.[63] Zurück beim Schloss kniet *Aragorn* auf einer Treppe rituell vor *Theoden* nieder und verneigt sich.

In der darauf folgenden Szene drängen die *Gefährten* darauf, dass *Theoden* gegen das feindliche Heer in den Krieg zieht, doch *Theoden* weigert sich. Er will sich mit seinem Volk in einer Festung verschanzen und abwarten. In den Inszenierungen wird deutlich gemacht, dass diese Position naiv und auch feige ist. Die Festung wird schließlich von einem Heer von zehntausenden von Kampfmaschinen angegriffen und *Theoden* beginnt zu verstehen, dass er kämpfen muss. Schließlich tut er das auch. In einer letzten großen Schlacht stirbt *Theoden* ehrvoll.

Der Ausdruck ´des Bösen´ ist hier die Gleichgültigkeit gegenüber dem im Kampf gefallenen Sohn und die Unfähigkeit, das eigene Volk vor Repression und Sklaverei zu schützen, vor Ohnmacht, Passivität und Fremdsteuerung. Das zurückkehrende ´Gute´ besteht darin, den Sohn angemessen zu würdigen und den Verlust zu betrauern. Die Imago ist das Bild eines geliebten Sohnes, dessen Verlust dem Vater zu schaffen macht. Die Wunscherfüllung liegt in den Bildern der Anerkennung und der intensiven Hinwendung des Vaters zu seinem Sohn, einer intensiven, von Liebe getragenen Vater-Sohn-Bindung. Der Sohn stirbt den Opfertod, er erweist sich als Kämpfer und erhält Liebe und Würdigung für seine Einzigartigkeit. Zum Wunschbild gehört der trauernde Vater, der erkennt, dass er ´blind´ war. Es ist eine Phantasie, in der die Wiedergutmachung für Erfahrungen von Missachtung sowie latente Wut darüber die zent-

---

[63] Diese Figur taucht im Film wiederholt auf: *Aragorn* steht schweigend vor einem Berg von Toten, der Gefährte *Gimli* weint und *Legolas* spricht mit gesenktem Haupt vor rotem Himmel einen letzten Segen. Vgl.: Sendeschema *Der Herr der Ringe*, Teil 2, Szene 3 c.

rale Rolle spielen. Die Phantasie enthält die Selbstverletzung, ohne die die Anerkennung nicht erworben werden kann. ´Der Böse´, so die Inszenierung, kann sich seinem Sohn nicht würdigend zuwenden. Ich gebe ein weiteres Beispiel und erläutere die Inszenierung:

Der Herrscher *Denethor* will alle Macht für sich. Er zieht einen seiner beiden Söhne vor und trauert nach dessen Tod um ihn. Aus Kummer und Wut über den Tod des einen schickt er den anderen in eine aussichtslose Schlacht. Der benachteiligte Sohn zieht aus Verzweiflung und der Suche nach Anerkennung in die Schlacht. Er verfällt beinahe dem *Ring*, weil er damit die Liebe seines Vaters erringen will.[64] Szenen wie diese sind erschütternd und bilden den Kontrast zur Inszenierung der ´Guten´.

´Der Gute´ dagegen, genauer gesagt der gute Vater, lernt die Söhne angemessen einzuschätzen und zu würdigen: Er sieht sie mit liebendem Blick, lässt sie ihre Wege gehen und trauert um sie.

Zusammengefasst hat ´das Böse´ auf manifester Ebene zwei konkrete Dimensionen in den Filmkonstruktionen: Mangelnde Liebe und Anerkennung sowie die Versklavung des Mannes.

Der vom ´Bösen´ verführte Vater kann aufgrund seiner Machtgier die Wahrheit und das Wahre und Gute seiner Söhne nicht erkennen, so, wie er auch die unaufhaltsame Selbstzerstörung nicht erkennen kann und seine Untertanen einem sinnlosen Tod aussetzt. ´Der Böse´ versklavt Jungen und Männer. ´Der Gute´ sorgt für Frieden und die Freiheit der Männer. Der ´böse´ Vater versucht die Männergemeinschaft der ´guten´ Söhne zu zerstören. Derjenige, der von ´dem Bösen´ erfasst wird, wie beispielsweise *Boromir*, erkennt seine Verbündeten nicht mehr und schadet dem Zusammenhalt der Männergemeinschaft. Er erkennt seine treuen Freunde nicht. In den Inszenierungen werden die mit ´dem Bösen´ Verbündeten als gefährliche, aber letztendlich lächerliche Handlanger gezeigt. Der Ring macht integere Männer zu Sklaven. Er transformiert sie zu Missgeburten, die aus Schleim neu geboren werden. Bilder der Bösen sind Sklaven, die kein Bewusstsein über ihre Unterjochung haben.[65] Der Film zeigt mit den typischen Bildern ´des Bösen´ Män-

---

64 Vgl.: Sendeschema *Der Herr der Ringe*, Teil 3, Szene 8.

65 Vgl.: Sendeschema *Der Herr der Ringe*, Teil 1, Szene 4.

nergestalten, die entindividuiert, roh und als Einzelwesen bedeutungslos sind. Sie verschwinden in der Masse oder sind nur Schatten. Warum sie ´böse´ sind, versteht man nicht.

Die Inszenierung ´des Bösen´ ist damit um männliche Autoritäten herum gestaltet. Es geht um Väter oder Machthaber, die auch als väterliche Gestalten betrachtet werden können. ´Böse´ sind diejenigen bzw. ist das, was die Jungen und Männer nicht als Individuen anerkennt und ihre Freundschaften und ihre Gruppe zerstört. Die Herrscher und Väter, die sich so verhalten, sind, so die Konstruktion hier, dem Urgrund ´des Bösen´, das die Spaltung der ´guten´ Männer untereinander impliziert, verfallen. ´Die Guten´ sind männliche Autoritäten, die ihre Schutz befohlenen Jungen und junge Männer lieben. Sie beschützen, beschenken und belehren die Jungen auf eine wünschenswerte und bedeutungsvolle Weise. Zum Beispiel gibt die Figur *Gandalf* das Bild eines guten Mentors ab. Er lehrt die Jungen Weisheit[66]. Der *Frodo* liebende *Bilbo* schenkt ihm ein Hemd, das ihm später das Leben retten wird.[67] *Boromir* und *Aragorn* lehren die *Hobbits* mit dem Schwert umzugehen und balgen dabei herum. Ermahnungen und Schelte für riskantes Fehlverhalten erfolgen stets im Rahmen stabiler Anerkennungsverhältnisse zwischen den älteren Männern und den Jungen.

´Das Böse´ ist, wie ich ausführte, ein Angriff auf diese männlichen Freundschafts-, Generationen- und Gemeinschaftsverhältnisse, in denen nicht nur die Jungen lernen, sondern auch die älteren Männer. Es ist auf manifester Ebene im Bild des lieblosen und missachtenden Vaters ausgestaltet, der seinen Verstand an den ´bösen Herrscher´ verloren hat. Auch erscheint ´das Böse´ im Bild des Lehrers: *Saruman* war der Lehrer *Gandalfs*, der ihn bekämpft, anstatt zu helfen. Die übrigen Ausgestaltungen ´des Bösen´ sind Männer ohne individuelle Identität: Männer ohne Gesicht, primitive und physisch entstellte Kampfgestalten, die kaum unterscheidbar sind und in Massen inszeniert werden.

---

[66] Vgl.: Sendeschema *Der Herr der Ringe*, Teil 1, Szene 8 a: *Gandalf* belehrt *Frodo* über vorzeitiges Urteilen; Teil 3, Szene 8 f: *Gandalf* spricht mit *Pippin* über den Tod.

[67] Vgl.: Sendeschema *Der Herr der Ringe*, Teil 1, Szene 5 a und Szene 8 a.

Diejenigen, die ´vom Bösen´ verführt werden, lösen männliche Anerkennungsverhältnisse auf und zerstören den Anderen als Gegenüber und als Anerkennenswerten, Einzigartigen. Gegen sie setzen sich die *Gefährten* zur Wehr.

Wie ich oben ausführte, verstehen im Laufe der Entwicklungsprozesse alle Figuren, dass sie sich gegen das die Solidarität zerstörende ´Böse´ wehren müssen. In diesem Kampf erstarken die Helden, finden zu ihren Zielen und weisen schließlich die männliche Entindividuierung, Versklavung und Vereinzelung zurück. ´Das Böse´ wird von ihnen ausgetrieben oder stirbt ab und sie erlangen dann Anerkennung. Diese ergibt sich vor allem aus den Tugenden, die sie unter Beweis stellen.

Latente Sinnebenen

1. Paarphantasien und die Abwehr gegen Bindung und Generativität

Um die latente Ebene in den Inszenierungen zu erläutern, möchte ich vom Ende des Films ausgehen. Dabei ist zu berücksichtigen, dass der Film mehrere Abschlüsse zeigt, da die Geschichten unterschiedlicher Protagonisten zu einem Ende geführt werden. Das Ende des Films vollzieht sich in vier Stufen, die ich zunächst in ihrer manifesten Ausgestaltung erläutere.

Erstens wird die Geschichte *Aragorns* abgeschlossen: *Aragorn* tritt sein Amt als König an und vermählt sich. Der Vater seiner Geliebten, der sich zu Beginn gegen die Verbindung des Paares gestellt hatte, gibt an diesem Ende seine Zustimmung. In der Abschlussszene wird *Arwen Aragorn* nach dessen Krönung zugeführt. Es ist ein überraschendes Wiedersehen nach einer langen Zeit der Entbehrung. Überwältigt stürzt *Aragorn* auf sie zu und küsst sie stürmisch. Die Szene ist romantisch, aber auch witzig. Der Kuss ist schön aber auch etwas peinlich. Der Held wendet sich liebend (s)einer Frau zu und widmet sich der friedlichen Regentschaft seines Landes. Er nimmt den Platz der negativen Vaterfigur (*Denethor*) ein. Der Krieger wird in dieser Darstellung verabschiedet, die vorbildliche Norm ist ein Leben in Frieden, das nun einsetzen wird. Die Bilder dazu sind konventionell und etwas kindlich: Das Traumpaar, der Kuss, der gute König - eine neue, gute Generation.

Die Rahmenhandlung, also die Geschichte der Teenager, wird im Anschluss daran in zwei Stufen zum Abschluss gebracht, die um die Figuren *Frodo* und *Sam* zentriert sind.

So wird zweitens *Frodos* Geschichte zu einem Ende geführt: Eine Wunde, die *Frodo* zugefügt wurde, kann nicht verheilen. Das Orakel sah voraus, dass *Frodo* für seine Aufgabe, als auserwählter *Ringträger* zu fungieren, mit seinem Leben bezahlen muss. Ich erläutere die Szene:

Wieder daheim, sitzt *Frodo* in der dunklen Hütte seines alten, ergrauten Onkels, der ihm einst den *Ring* gab. *Sam* tritt ein und ahnt nichts Gutes. Dann machen sich die vier *Hobbits* zusammen mit *Frodos* Mentor, dem alten Zauberer *Gandalf* und seinem ergrauten Onkel *Bilbo* zu einem Ort auf, wo die beiden „Alten" verabschiedet werden sollen. Für die drei *Hobbits* unerwartet, geht *Frodo* mit den Alten mit. In dieser dramatischen Szene verabschieden sich *Sam*, *Merry* und *Pippin* von *Frodo*. *Frodo* steigt mit *Gandalf* und *Bilbo* auf ein Schiff, das langsam in golden schimmerndes Licht eintaucht. Sehnsüchtige Musik begleitet dieses Szenario, die weinenden Gesichter der zurückgelassenen *Hobbits* werden lange und groß herausgestellt.

Dieser Abschluss ist außerordentlich. Überwältigende Farbspiele und Chorgesänge vermitteln Grandiosität, während diese Todesszene zugleich sagt, dass der zuvor inszenierte grandiose Opfergang zu einem Ende kommen muss.

Ich komme zum dritten Abschluss, die letzten Szenen mit *Sam*. Es handelt sich hierbei um ein überaus konventionelles Ende. Ich erläutere die Szene:

Nach dem Fortgang von *Frodo* wird *Sam* gezeigt, wie er nach einer Zeit der Trauer bodenständig Hochzeit feiert. Es sind fröhliche, zünftige Bilder: Hochzeitssträuße fliegen durch die Luft und auch hier gibt es den Kuss. Die Geschichte der Figur *Sam* schließt mit der Szene, in der seine Frau, seine kleinen Kinder und er nacheinander in das eigene Häuschen gehen. *Sam* geht als Letzter hinein und schließt die Tür. Die Szene ist idyllisch und etwas kindlich: Im Garten des bäuerlichen Häuschens leuchtet frisches Gras und Kresseblätter sprießen am Gartenzaun. Mit dieser Szene sind die Geschichten der einzelnen Protagonisten abgeschlossen.

Die allerletzten Szenen, mit der die Trilogie abgeschlossen wird, gehören zum Abspann:

Nachdem *Sam* die Tür hinter sich geschlossen hat, kommen antiquarische Buchseiten ins Bild, auf denen die *Gefährten* in Bleistiftzeichnung abgebildet sind. Der Song *Into the West* ertönt, während die Buchseiten langsam nacheinander umgeblättert werden. Ein Held nach dem anderen erscheint in der Zeichnung. Auf diesen Abspann folgt ein kurzer instrumentaler Ausklang, damit ist die Trilogie zu Ende.

Diese Abschlussszenen lösen im tiefenhermeneutischen Sinn eine Irritation aus.[68] Worin besteht die Irritation? Die konventionellen Abschlussszenen werden keineswegs eindeutig als Glücksszenen erlebt, wenngleich sie durchaus auch positive Gefühle auslösen. Neben dem Amüsement über den Kuss von *Aragorn* oder *Sam* entsteht gleichzeitig ein Widerwillen. Die konventionelle Schlussszene ist mit Unbehagen behaftet. Die Idylle wird wie ein elementarer Rückschritt und als überflüssig oder bedrängend erlebt. Ein männliches Forschungsgruppenmitglied hatte folgende Assoziation zu der Szene: „Wenn *Sam* in der Hütte ist, kriegt er von *Rosi* gleich eins mit dem Nudelholz übergebraten." Assoziationen wie diese, die typisch für das Erleben dieser Szene sind, schließen an die Szenen zu Beginn des Films an: Das *Auenland* als Naturidyll mit seinen *Hobbits* als nette, aber auch beschränkte und schlichte Gemüter. Das *Auenland*, um dessen Überleben schließlich gekämpft wird, symbolisiert damit nicht nur die Sehnsucht nach einem imaginierten, in üppiger Natur und Riesentorten konkretisierten paradiesischen Zustand, sondern auch Enge und den Impuls, fort zu wollen. Die Enge und Unerträglichkeit ist im Bild der *Hobbit*-Ehefrau symbolisiert. Eine solche wird gleich zu Beginn des Films gezeigt. Sie wird als besonders kleinkariert und als Spaßverderberin in Szene gesetzt. Sie verkörpert das Klischee einer kleinbürgerlichen Spießerin, die ihrem Mann keinen Spaß gönnt, und der man nur entfliehen will. Ich rekapituliere die Szene:

[68] Zum Begriff der Irritation, siehe Lorenzer 1990, S. 267ff.

Als *Gandalf* in das Dorf kommt, lässt er zur Freude der Dorfkinder, die ihn fröhlich begrüßen, ein paar Raketen knallen. Ein Mann, der vor seinem Haus steht und die Szene betrachtet, teilt den kindlichen Spaß daran und lacht schelmisch über das Raketenwerk. Seine Frau fixiert ihn mit strafendem Blick und er gehorcht: Sofort hört er auf zu lachen und verzieht frustriert sein Gesicht. Bitter schaut er in Richtung seiner Frau.[69] Die Szene ist als witzige Pantoffelheldenszene angelegt. Die humorlose, verkniffene Ehefrau verdirbt ihrem Mann, der von ihr dominiert wird, seinen Spaß. Freizeitbeschäftigung, Fürsorge und ´Strafe, die Spaß macht´, sind im Gegensatz dazu bei den Männern und insbesondere bei den *Gefährten* verortet. Ich skizziere zwei beispielhafte Kontrastszenen.

Erste Kontrastszene: Die als liebenswerte Strolche gezeichneten Protagonisten *Merry* und *Pippin* treiben Schabernack: Sie zünden unerlaubt *Gandalfs* Raketen und verursachen damit ein imposantes Feuerwerk, wobei sie selbst durch die Luft fliegen. Zur Strafe müssen sie riesige Berge Geschirr abwaschen, die aufgetürmt um sie herum stehen. *Gandalf* ist Anordner der Strafe und überwacht die Ausführung. Auch diese Szene ist witzig. *Merry* und *Pippin* sitzen mit schwarzen Gesichtern und abstehenden Haaren vor einem riesigen Schaumberg. Es ist eine Strafe, die Spaß macht.[70]

Zweite Kontrastszene: *Frodos Onkel Bilbo* erzählt auf einem Fest einer Schar von Kindern spannende Geschichten. Die Kinder werden in Nahaufnahme gezeigt, wie sie gebannt mit weit geöffneten Kulleraugen und Mündern zuhören.[71]

Der Inszenierung zufolge liegt die attraktive Welt bei den Männern bzw. bei den Jungen und Männern, die das *Auenland* verlassen und nicht bei den Ehemännern und Vätern einer *Hobbit*-Frau. Hier gibt es nichts Aufregendes. Das gibt es nur bei den Kämpfern.

Die Geschichte der Trilogie endet, wie die Abschlussszene mit *Sam* zeigt, in diesem *Hobbinger* Horizont, in der Welt der Spießerin und der einfältigen Männer. Auf manifester Ebene ist die Abschlussszene keineswegs ironisch, sondern ernst gemeint. Aber eine

---

[69] Vgl.: Sendeschema *Der Herr der Ringe*, Teil 1, Szene 2.

[70] Vgl.: Sendeschema *Der Herr der Ringe*, Teil 1, Szene 2.

[71] Ebd.

positive, bedeutungsvolle Deutung des idyllischen Happy Ends setzt sich im Erleben nicht durch. Mit dieser Irritation hängt eine weitere Wahrnehmung zusammen: Wenn der Song *Into the West* mit den Zeichnungen der Helden einsetzt, entsteht ein Sog, zu den Abenteuern der *Gefährten* zurückzukehren. Das idyllische, konventionelle Ende schließt die Geschichte innerlich nicht wirklich ab. Sobald die Helden sichtbar werden, bricht innerlich die Sehnsucht nach den *Gefährten*, nach der Kampfgruppe hervor.

Die Analyse der Irritationen ergibt eine latente Struktur in dem Film, die konträr zur manifesten Entwicklungsgeschichte verläuft. Auf manifester Ebene werden schöne Bilder der Paar- und Familienbildung gezeigt. Auf dieses Szenario läuft der Film zu. Das gute Ende, das herbeigeführt wird, ist das Bild gelungener Generativität und Zweisamkeit im Paar. Das Grandiose wurde mit *Frodo* verabschiedet. Das, was überlebt, ist mit der Etablierung lebensfähiger Beziehungen verbunden. Betrachten wir die Geschichte als adoleszente Entwicklungsgeschichte, so ist das ein produktiver Ausgang: Die Jungen und jungen Männer setzen ihre Liebeswünsche erfolgreich um. Die realitätstüchtige Perspektive siegt über die grandiose Selbstauflösung. Die Paarbeziehung erscheint partnerschaftlich und die Frauen treten als adäquate und wünschenswerte Gegenüber auf.

Auf latenter Ebene ist jedoch eine gegenläufige Sinnstruktur wirksam, die durch eine spezifische Form der Weiblichkeitsabwehr gekennzeichnet ist. Diese Abwehr erzeugt eine Fixierung auf die männliche Peer Group als Kampfgruppe. Ich erläutere diesen Zusammenhang:

Manifest wird die treue *Gefährten*gruppe als „Übergangssituation" dargestellt, die schließlich in einem konventionellen Lebensentwurf aufgelöst wird. Die Männergruppe bildet aber emotional den zentralen Bezugspunkt und bleibt es. Dort finden die bedeutsamen Ereignisse statt und dort ist der Einzelne bedeutsam. Zu dieser Sinnstruktur gehört der auf latenter Ebene sichtbare Ausschluss von Frauen, die insgesamt kaum vorkommen und nur fern von der Männergruppe eine Rolle spielen dürfen: Als ersehnte Objekte, nicht als konkret zu erlebende Gegenüber in einer bedeutsamen Beziehung. Zentral ist die Imago selbstlos gebender, treu wartender und großartiger Frauen. Diese Aspekte finden sich vor allem in der

Figur *Arwen* wieder. Die Entsagung, eine asketische Grundhaltung, ist charakteristisch. Die heterosexuelle Beziehungsphantasie, die im Film zum Tragen kommt, beinhaltet die idealisierte Frau auf Distanz, die sehnsüchtig geliebt wird. Dies ist keine Mangelbeschreibung, sondern das eigentliche Modell.[72] Es tritt an die Stelle des verleugneten Wunsches, gütig versorgt zu werden, der besonders in den Inszenierungen mit der Figur *Arwen* erfahrbar wird. Auch das *Auenland* mit seinen Essgelagen steht für diesen Wunschaspekt. So ist in der Entsagungsphantasie der Wunsch nach der omnipotenten Mutter aufgehoben, wobei im Film Mütter der Gefährten kategorisch nicht auftauchen.

Auf manifester Ebene wird gleichzeitig die traditionelle Paarbeziehung und Familienbildung als angestrebter Lebensentwurf hervorgehoben, für den auch gekämpft wird. Die Abwehr gegen eine lebendige Paarbeziehung und der dazu gehörenden Bindung und Väterlichkeit wird in zwei Polen deutlich: In der Idealisierung der ´Frau und des Geliebten in der Ferne´ und in dem Klischee der ´anwesenden kontrollierenden Ehefrau´. Ich möchte diese Deutung anhand der inszenierten Frauenfiguren *Arwen* und *Eowyn* noch einmal verdeutlichen: *Arwen* wird als Geliebte *Aragorns* vorgestellt. Sie ist als selbstlos Gebende und als Kämpferin konstruiert: Mütterlich beschwört sie *Aragorn*, dass er ´das Böse´ besiegen wird. Sie ist fürsorglich, aber nicht im traditionellen Sinn. Mit ihr ist Außeralltäglichkeit verbunden. Ihre Hilfe hat immer den Preis des Todes, den sie, ohne zu zögern, in Kauf nimmt: Um mit *Aragorn* zu leben, muss sie auf ein ihr unendliches Leben verzichten. Das tut sie, so hebt es die Inszenierung hervor, mit Leichtigkeit. Und: Sie ist nicht nur auf eine Liebesbeziehung ausgerichtet, sondern auch auf die große Rettung.[73] Mutig und kraftvoll bringt sie auf einem lebensbedrohlichen Ritt den verwundeten *Ringträger* in Sicherheit. Als die

---

[72] Die Geschlechterbeziehungen und Konstellationen sind auch systematisch dargestellt in: Anna Stach: Muster der Geschlechter und die Bedeutung der Kampfgruppe im Film *Der Herr der Ringe*. In: Barbara Rendtorff/Elke Kleinau: ´Eigen und Anders´, Barbara Budrich (im Ersch.).

[73] Vgl.: Sendeschema *Der Herr der Ringe*, Teil 1, Szene 5 b.

Rettung für ihn zu spät scheint, schenkt sie ihm in einer dramatischen Szene ´ihre Gnade´.[74]

Arwen bringt existentielle Opfer: Für ihre Liebe und für die Rettung anderer. Sie verkörpert Liebe, Verzicht und Treue. Sie liebt *Aragorn* um jeden Preis. Sie widersetzt sich aus Liebe ihrem Vater und lässt heroisch ihre Herkunftsgemeinschaft zurück. Sie ist eine unerschöpflich Gebende, reine Güte. Zentral ist dabei, dass sich *Aragorn* ihrer in der Ferne erinnert und dadurch Kraft erhält. Er bleibt ihr treu und trägt stets ein Amulett von ihr, obwohl er sie, ihrem Vater gehorchend, verlassen hatte. Beide lieben in Abwesenheit. In den Szenen der Entsagung in der Extremsituation liegt die Ekstase, nicht in den Bildern der konkreten Nahbeziehung und Erotik. In Zusammenhang mit diesem Entsagungsmodell steht die auffallend schroff in Szene gesetzte Ablehnung *Eowyns*: *Eowyn* liebt *Aragorn*, der diese Liebe aber nicht erwidert, wenngleich sie ihm imponiert und er sich voller Anerkennung ihr gegenüber zeigt. *Eowyn* ist diejenige, die in seiner Nähe ist, eine Situation, in der kein Opfer gebracht werden muss. Dieses Paar wäre gleichwertig und näher. Doch diese Möglichkeit wird im Film deutlich abgelehnt. Stattdessen wird gezeigt, wie sich der Kämpfer in der Ferne an die Kraft spendenden Worte seiner Geliebten erinnert. Sein konkreter Bezugsrahmen ist die Kampfgruppe, aus der Paarbeziehungen ausgeschlossen sind.

Beide Frauengestalten, *Arwen* und *Eowyn*, zeichnen sich durch einen modernen, emanzipierten Teil aus: Sie sind mutige Kämpferinnen und lehnen sich erfolgreich gegen ihre Väter auf: *Arwen* hält gegen den Willen ihres Vaters an ihrer Beziehung zu *Aragorn* fest und lässt ein bedeutungsvolles Schwert der Vorfahren schmieden, das zur Rettung von *Mittelerde* beiträgt. *Eowyn* nimmt gegen den Willen ihres Vaters als Kriegerin an einer großen Schlacht teil. Sie bringt in dieser Schlacht einen der stärksten Gegner zu Fall.[75] Diese Dimensionen der Aktivität und Stärke stehen in einem wünschenswerten Kontrast zu traditionellen Weiblichkeitsstereotypen, die durch Passivität, Rezeptivität und ausschließlicher Beziehungsori-

---

[74] Vgl.: Sendeschema *Der Herr der Ringe*, Teil 1, Szene 4 c.

[75] Vgl.: Sendeschema *Der Herr der Ringe*, Teil 3, Szene 9.

entierung gekennzeichnet sind. Sie stehen aber nicht in Spannung zu der ausgestalteten Entsagungsphantasie, die mit der Abwehr des Weiblichen traditionell patriarchalische Züge trägt. Angesichts der latenten Sinnebene ist die Inszenierung der schroffen Zurückweisung nicht zufällig.[76] In der Szene wird klargestellt, dass eine konkret anwesende Frau, die Wünsche äußert, inakzeptabel ist. In der Szene geht es nicht nur um den Bruch der Treue, der manifest im Raum steht. Der starke Affekt in der Szene deutet auf die mit der latenten Ebene verbundene Beziehungsnorm, die im Film maßgeblich ist: Die Idealisierung der Einzigen, der großartigen Abwesenden. Dabei geht es, wie gesagt, gerade nicht um die Durchsetzung der Wunscherfüllung am Ende: Wie die manifest ausgestalteten Heiratsszenen und Zusammenführungen der Paare zeigen, zielt der Wunsch nicht auf Erfüllung von Zweisamkeit ab. Die Vergötterung der heroisch in der Ferne wartenden Frau macht die Attraktion der gestalteten Beziehungsphantasie aus. Dazu gehört immer die Imagination der Stärke von Frauen. Es ist die Stärke, Verzicht leisten zu können. Das Erleben der Abwesenheit und die Sehnsucht erzeugen die Lust, nicht die Erfüllung aus dem Zusammenschluss eines Paares, wie es am Ende gezeigt wird. Ein Teil der Attraktion der inszenierten Beziehungsphantasie besteht in dem unverführbaren, treuen Geliebten, der in der Ferne leidvoll an die einzig Auserwählte denkt, während er große Taten vollbringt. Diese latenten Dimensionen der Beziehungsphantasien zeigen, dass das glückliche, sexuell aktive Paar und die alltäglich gelebte Nähe im Paar und in der Familie keine Anziehungskraft im Vergleich zur Heldengruppe hat. Die Geliebte muss, folgen wir der Logik der Wunschphantasie, auf Distanz bleiben wie der Held als Kämpfer in der Ferne. Die Attraktion der Distanz im Paar und die Attraktion der Kampfgruppe gelten für beide Geschlechter und bilden einen Sinnzusammenhang.

[76] Vgl.: Sendeschema *Der Herr der Ringe*, Teil 3, Szene 7 a.

2. Sexualität, Angst und Kampf

Die Trilogie setzt adoleszente Wunsch- und Angstphantasien in Szene. Diese, so das Ergebnis, tragen den Charakter des Klischees und bedienen sich patriarchalischer Weiblichkeitsstereotype, die ich im vorangegangenen Abschnitt zum Teil bereits erläutert habe. Die latenten Angstphantasien sind mit den Inszenierungen ´des Bösen´ verbunden und beziehen sich auf Befürchtungen des Kontrollverlusts durch die Imago weiblicher Übermacht. An die Stelle von aktiver Sexualität rücken infantile Wunschbilder und Lüste. Diese sind in den Bildern ´des Bösen´ und dem Kampf ´der Guten´ untergebracht und reproduzieren ebenso patriarchalische Männlichkeitsstereotype. Ich habe im vorangegangenen Kapitel auf der Ebene der Paarbeziehung Aspekte dessen bereits diskutiert. In dem Bild von *Mordor,* dem ´Zentrum des Bösen´ verdichtet sich, so meine Deutung, diese Angst, die immer wieder die leidenschaftliche Kampflust auslöst. Der inszenierte Kampf richtet sich gegen eine weiblich phantasierte Übermacht, die Männer entmannen, zu Sklaven machen kann und entzweit. Sie ist den auf manifester Ebene als ´böse´ inszenierten Männern bzw. Vätern vorgängig und muss bekämpft werden. Bilder gelungener Sexualität zweier Subjekte gibt es nicht. Die Libido geht vollständig im Kampfgeschehen auf und ist auf dieses verschoben. Was spricht für diese Deutung? Ich führe im Folgenden drei Argumentationen für diese Deutung auf und gehe dabei noch einmal auf zentrale Szenen und Erfahrungen im Sehvorgang ein:

1. Die Figur *Galadriel* verkörpert Macht, Wissen und verführerische Schönheit. Sie wird in der Handlung als Furcht erregende *Herrin des Waldes* eingeführt, die aber schließlich mütterliche Sorge um die *Gefährten* zeigt. Es ist nicht ganz klar, inwieweit ´das Böse´ in ihr lauert und sie ist zeitweilig als undurchsichtige Verführerin inszeniert. Das Zwielichtige löst sich in folgender Szene situativ auf:

In ihrer Prüfung, als sie mit dem *Ring* vor *Frodo* steht, wird eine Angstphantasie ausgestaltet: *Galadriel* wächst im Angesicht der Versuchung des *Ringes* zu einer riesigen Frauengestalt. Im Stil eines Comics erscheint sie als *Domina,* die mit männlicher Stimme spricht:

„Alle werden mich lieben und verzweifeln."[77] Als sie zitternd aus dem Bann des *Ringes* zurückkehrt, gibt sie das Bild einer mütterlichen *Maria* ab, die sich liebevoll und unterstützend dem *Ring*träger zuwendet. Sie schenkt ihm ein Licht, das ihm im Endkampf das Leben retten wird. Wichtig ist hier, dass sie mütterlich und nicht mehr sexuell attraktiv in Erscheinung tritt. So ist es richtig: Die Angstphantasie ist bezwungen, die Frau ist beherrscht und das Angstbild sexueller Perversion und Dominanz ist wieder beruhigt. Die Frau wird entsexualisiert und auf ein sakrales Bild mütterlicher Güte zurückgebracht. Die Angst der Jungen verschwindet. Die Zwielichtigkeit der Figur *Galadriel* bleibt im weiteren Verlauf des Films jedoch bestehen. Im zweiten Teil werden ihre Zweifel darüber gezeigt, ob sie den Menschen bei der Rettung helfen soll. Ihre Stimme ist dabei wieder tief und beängstigend. Das „Böse" ist symbolisiert als weibliche Macht zur Verführung, der die Unterdrückung des Mannes folgt. Das klischeehafte Angstbild vor der Männerunterdrückung findet sich zwar in völlig anderer Gestalt, aber dennoch analog in der Inszenierung ´der Spießerin´ aus *Hobbingen* wieder. Das ist der Alptraum: Die Frau als machtvolle Kontrolleurin. Das ist ein Stereotyp. Es verweist nicht darauf, dass Frauen so sind, sondern auf tief liegende Bindungsängste, die mit dem Klischee der Ehefrau als ´Schreckschraube´ oder in dem anderen Fall mit der Idealisierung der grandiosen Unerreichbaren überdeckt werden. Sexualität zweier Subjekte ist in diesen Szenarien nicht vorstellbar.

2. Die Symbolik *Mordors* besteht aus einem Berg mit einem Turm, auf dessen Spitze ein Symbol, das als „Auge" bezeichnet wird, zu sehen ist. Sie löst Assoziationen einer Vagina aus, die in Flammen steht. Sie hat die Macht, den *Ringträger* in Trance zu versetzen und zu sich zu ziehen, ohne dass er sich dessen erwehren könnte.[78] Es ist ein geradezu klassisches Urbild männlicher Angst vor der Frau, die auf latenter Ebene die Botschaft aussendet: Bleibe im Bund der Männer, sonst wirst Du ein willenloser Sklave und Verräter Deiner Freunde! Es ist diese „dunkle Macht", die aus Vätern Sklaven macht, die ihre Söhne nicht lieben, die aus Männern Handlanger

---

[77] Ebd.

[78] Vgl.: Sendeschema *Der Herr der Ringe*, Teil I, Szene 4 und 10.

oder selbstverliebte, destruktive Herrscher macht. Die zentrale Option im Film bleibt auf latenter Ebene daher der Kampf und der Opfertod in der Männergruppe. Auch bleibt die Sehnsucht nach guten starken Männern bzw. Vaterfiguren, die auf manifester Ebene vor männlicher Gewalt, auf latenter Ebene vor abgewehrten sexuellen Wünschen und Ängsten schützen sollen.

3. Die Trilogie endet, wie gesagt, mit dem Song *Into the West*, der die melancholische Stimmung, die für den Film typisch ist, nach der zünftigen Hochzeit *Sams* wieder aufkommen lässt. Sie führt zur Erinnerung an den grandiosen Opfergang und die großartigen männlichen Helden. Der Song repräsentiert den Inbegriff der verführerischen Sirene, an der der Begehrende zerschellt. Bevor ich diese Szene erläutere, möchte ich den Inhalt des Songs wiedergeben:

Into the West

Lay down
Your sweet and weary head
Night is falling
You have come to journey´s end
Sleep now
Dream – of the ones who came before
They are calling
From across the distant shore

Why do you weep?
What are these tears upon your face?
Soon you will see
All of your fears will pass away

Safe in my arms
Your´re only sleeping

What can you see
On the horizon?
Why do the white gulls call?
Across the sea
A pale moon rises
The ships have come
To carry you home

And all will turn to silver glass
A light on the water
All souls pass

Hope fades
Into the world of night
Through shadows falling
Out of memory and time

Don´t say
We have come now to the end
White shores are calling
You and I will meet again

And you´ll be here in my arms
Just sleeping

Betrachten wir die unmittelbare Wirkung des Songs im Kontext des Filmerlebens, so zeigt sich, dass sich beim Zuschauen und Zuhören eine starke Spannung aufbaut. Wie ich oben erläuterte, setzt eine große Sehnsucht ein, wieder in die Szenen mit den neun *Gefährten* einzutreten. Wohlgemerkt sind bereits über drei Stunden Filmerleben vergangen und ein gutes Ende ist gezeigt worden. Dieses Bedürfnis setzt bei Zuschauerinnen und Zuschauern gleichermaßen ein. Die Sehnsucht ist mit dem Bedürfnis verbunden, den Helden nah zu sein. Man möchte nicht, dass sie gleich ´weg´ sind und heftet sich innerlich an die gezeigten Buch-Bilder der Figuren. Wie kommt das? Betrachten wir den Inhalt des Songs. Wovon erzählt er uns? In was für eine Szene treten wir zusammen mit den gezeigten Abschlussbildern ein?

In der Szene des Songs „lege ich meinen müden, schweren Kopf" in den Schoß einer Frau, die mich auf den Übergang zum Tod vorbereitet. Sie sagt mir, dass nun der Übergang stattfinden wird, dass Licht auf dem Wasser zu sehen ist und alles in silbernes Glas verwandelt wird. Sie prophezeit, dass es nicht das Ende ist. Es rufen weiße Ufer und sie und ich werden uns wieder treffen. Der Song erzählt vom Tod, der, so die verheißende Stimme, nicht gefürchtet werden muss. Sterben ist mit dem Anblick phantastischer Lichtspiele verbunden, aber auch mit Erstarrung. Die Erstarrung ist im Bild des Silberglases enthalten. Die Frauenstimme ermutigt: Der Tod hat eine großartige Seite. Der Weg ins Jenseits ist eine Reise durch Licht und Schönheit, dabei fällt Hoffnung durch Schatten und man gerät in einen Raum ohne Zeit und Erinnerung. Sicher ist, dass ich und sie, dass wir uns wieder treffen. Es ist ganz leicht. Sie wird bei mir bleiben durch den Tod.

Die Szene versetzt in eine regressive Haltung: Ich liege im Schoss einer Frau, die den Tod in phantastischen Bildern ausmalt und verspricht, dass ich mich nach der Reise ins phantastische Jenseits bei ihr im Arm schlafend wieder finde. Es bleibt offen: Habe ich nur geschlafen oder bin ich gestorben? War alles nur ein Traum? Diese Ebenen zerfließen und gehen in einem rauschhaften Erleben auf. Das Erleben dieser Szene besteht aus zwei Dimensionen: Einerseits vermittelt sie ein ekstatisches, verheißungsvolles Gefühl. Die Bilder sind in ihrer Grandiosität verführerisch. Die Stimme und die Melodie ziehen in ihren Bann. Andererseits entsteht dabei aber auch der Impuls, zu protestieren und wegrennen zu wollen. Diesen Impulsen kann aber kaum nachgegangen werden. Der Song zieht in die regressive Szenerie und in eine unwiderstehliche melancholische Stimmung hinein. Der Protestimpuls versandet im Rauschgefühl.

Während des Zuhörens sind die Bilder der Helden zu sehen: *Gandalf, Aragorn, Legolas, Frodo…* Die Assoziationen in dieser letzten Szene führen zu der Szene von *Frodos* Abschied. Er braucht, so der Gesang, keine Angst vor dem Tod zu haben. Es folgt Wunderbares und er wird gehalten. Es geht um sein grandioses Ende, das mit der Aktion der Männergruppe verbunden ist. Dabei entsteht der Impuls des Losreißens aus Passivität und Gebundenheit. Der Fluchtweg besteht in der Erinnerung an die männliche Heldengruppe, die *Gefährten*. Ich meine, dass hier am Schluss ein letztes Bild gezeigt wird, in dem der Impuls entsteht, sich zugleich aus der Verführung loszureißen und in dieser faszinierenden Umarmung hängen zu bleiben. Schließlich taucht der ´Opferheld´ *Frodo* mit seinem großartigen Mentor in einen außeralltäglichen Raum ein. Emotional bedeutsam bleiben am Ende die Erfahrungen dieser grandiosen Selbstauflösung und die Sehnsucht nach der schlagkräftigen Kampfgruppe. Im Film entsteht ein Hin und Her zwischen dem Erleben von Angst und Passivität und Rausch im Kampf. Die Sehnsucht nach grandioser Selbstauflösung und Kampf ist schließlich im Erleben stärker als das Bedürfnis nach einem Happy End im Familienidyll und der Vorstellung eines realitätsorientierten Lebens. Der Kampfrausch schließt nicht ab. Er steht im Dienst der Abwehr von Ängsten und ist stärker als der Wunsch nach Sexualität im Paar. Ein Widerstand gegen das Selbstopfer im Kampf zugunsten anderer Entwürfe setzt sich nicht durch. Am Ende bleibt im Filmerleben die Sehnsucht nach Kampfgruppe und Selbstopfer angesichts der Mobilisierung latenter Angstbilder, die um Weibliche Übermacht kreisen, die schönste Option. An die Stelle sexueller Hingabe tritt die Hingabe an den Kampf mit ´guten männlichen Autoritäten´ und Kameraden, in der Verschmelzung erfahrbar wird.

´Fundamentale Sehnsucht´ – Sozialisationstheoretische Überlegungen zu den tiefenhermeneutischen Ergebnissen

Zusammengefasst steht in der Trilogie *Der Herr der Ringe* auf manifester Ebene die Auseinandersetzung mit männlichen Autoritäten in der männlichen Adoleszenz im Mittelpunkt. Gezeigt wird ein Generationenwechsel. In gigantischen Bildern werden destruktive Autoritäten – Väter, Lehrer, Machthaber – verabschiedet und eine junge, gutwillige Generation übernimmt die Ämter. Bilder selbstbewusster Männer und gelungener Intimität dokumentieren Reifeprozesse.

Voraussetzung für den Wechsel hin zu einer wünschenswerten Welt und gelungener Entwicklung gilt der Erweis der Reinheit. Mit dieser Vorstellungs- und Bilderwelt geht eine abstrakte und essentialistische Konstruktion von Beurteilungen, von ´gut und böse´ und ihrer Polarität einher. Die Positionierung im Feld des als gut Konstruierten wird zum zentralen Kriterium idealer Entwürfe. Sie beinhaltet eine psychische Aufforderung zur Spaltung und bedient stereotype Darstellungen von Fremdheitsprojektionen.

Als idealer Entwurf erweist sich in der Trilogie der ´gute Krieger´ mit seiner Bereitschaft zum Selbstopfer, der als Weltretter erscheint. Dieser Entwurf dominiert über die manifeste Entwicklung von Intimität und Erwachsensein. Eine Relativierung dieser Position ist in den Inszenierungen nicht angelegt. Der ´gute Krieger´ in seiner Gruppe gibt das Ideal ab, während in Weiblichkeitsklischees Ängste vor Nähe im Paar und vor Sexualität aufgehoben sind. Der Film mobilisiert auf der latenten Ebene unbewusste Phantasien weiblicher Übermacht und Kontrolle, und inszeniert Bilder männlicher

Gegenwehr. Hingabe und Erotik sind in den Männerbund und die Kampfhandlungen verlagert. In diesen Szenen sind orgiastische Erfahrungen untergebracht. Die Inszenierungen der Paarbeziehungen bleiben aber ausschließlich heterosexuell. Das ´große Ereignis´ ist nicht die Erfahrung sexueller Vereinigung, sondern der Kampf in der männlichen Gruppe.

Die kulturellen Muster für Beziehungen zwischen Männern und Frauen enthalten zusammengefasst die Vorstellung von Nähe und Aggression und die Idealisierung in Distanz. Ersehnt wird eine Frau als Geliebte, aber sie muss weit weg sein. Die sexuelle Überbordung und Auflösung in einer Heiligenfigur stellt ein weiteres Muster dar. Alle Konstellationen kreisen um das Thema der Macht und Ohnmacht oder sie haben keine Anziehungskraft.

Der Film inszeniert mit diesen Mustern auf latenter Ebene patriarchale Weiblichkeitsstereotype, die offensichtlich tief verankert sind.[79] Die Angst vor weiblicher Sexualität und Liebe ist darin gleichermaßen enthalten wie die Abwehr dagegen. Die Imagination der wehrhaften Männergruppe vermittelt Anerkennung, Schutz und Macht gegen die inszenierte weibliche Kontrolle und Übermacht.

Den Geschlechterentwürfen in der latenten Sinnstruktur stehen auf manifester Ebene reziproke Beziehungen zwischen Männern und Frauen gegenüber. Die Frauen werden auf manifester Sinnebene aktiv, einflussreich und mutig in Szene gesetzt, dafür asexuell und auf latenter Ebene bedrohlich.

Für die Inszenierung männlicher Entwürfe gilt auf manifester Ebene, dass eine Vielfalt gezeigt wird, und dass zu den Sympathieträgern auch androgyne bzw. feminine Männlichkeiten gehören. Die Integration des Femininen in die Männlichkeiten bezieht sich auf das äußere Erscheinungsbild, auf Einfühlungsvermögen und Feinsinnigkeit. In Bezug auf diese Männlichkeiten ist wesentlich, dass sie sich gleichzeitig durch Kampffähigkeit, den Mut zum Selbstopfer und durch Tugendhaftigkeit auszeichnen. Das heißt, zu ihnen gehört der Mut, andere zu töten und selbst zu sterben, sowie die Tugenden der ewigen Freundschaft und Treue, die hier auf der

---

[79] Vgl. dazu auch: Ulrike Prokop 2003 und Heinrich Deserno 1999/2005.

latenten Sinnebene, wie gesagt, als Abwehr gegen die Angst vor Weiblichkeit, die die Szenen anstoßen, gedeutet wird.

Männlichkeit tritt auf der Ebene der als böse Konstruierten auch in Bildern klassischer Feindprojektionen auf, wie sie in Arbeiten der psychoanalytisch orientierten Vorurteilsforschung analysiert worden sind. Die Spaltung von ´Gut und Böse´ manifestiert sich in den Inszenierungen polarer Männlichkeiten, die an Körperhässlichkeit und Körperschönheit sowie an Einfühlungsvermögen und Aggression festgemacht sind. Im Zuschauen lösen auch die Aktionen der ´Bösen´ infantile Lustmomente aus. Diese bleiben im Sehvorgang aber unbewusst. Sexualität ist hier gegenüber der Erotik in der Heldengruppe triebhaft und infantil (präödipal) gezeichnet.

Mit der Gründung einer exklusiven Kampfgruppe für die Weltrettung und der Konstruktion einer Spaltung eröffnet die Trilogie einen Phantasieraum, der Facetten fundamentalistischer Vorstellungswelten enthält. Die Abwehr von Intimität und Sexualität ist für diese so charakteristisch wie das Reflexionsverbot und die Forderung nach Eindeutigkeit, mit der Ambivalenzen und offene Fragen abgeschnitten werden. Auch die Unterordnung unter Autoritäten gehört dazu. Erweckungserlebnisse und Erstarkungsphantasien wie sie im Film vorgeführt werden, werden von Mitgliedern fundamentalistischer Gruppen eingehend beschrieben.[80] Der Glaube an das Reinheitsgebot, die Bereitschaft zum Selbstopfer und die Erlösung durch einen Endkampf gehören ebenso zu den elementaren Orientierungen und Vorstellungswelten. Das innere Szenario ist immer ein Bedrohungsszenario, das nur noch einen „Endkampf" zulässt.[81] Der Film reduziert im Filmerleben auf diese fundamentalistischen Positionen.[82]

Die Analyse konnte zeigen, dass es sich bei den Identifikationen nicht so sehr um Rollen geht, die an Geschlechter gebunden sind. Es

---

[80] Elisabeth Rohr 2007.

[81] Ulrike Prokop 2007.

[82] Vamik Volkan hat diesen Entwurf – insbesondere die Abwehr von Sexualität, die Idealisierung der Eigengruppe und der Autorität verbunden mit Gewaltausübung, sowie die dazugehörende Position der Spaltung erläutert: Hier gibt es nur noch den Opfertod und Abweichungen sind nicht möglich, vgl.: Vamik Volkan 1999.

sind die für fundamentalistische Gruppen charakteristischen Beziehungstypen und Affektlagen, die – in der Phantasie - als attraktiv erlebt werden. Möglicherweise ist die Idealisierung des ´guten Kriegers´ und in Verbindung damit die – unbewusste - Auseinandersetzung mit Ängsten vor weiblicher Sexualität und Übermacht, wie sie in der ´Anderswelt´ im *Herrn der Ringe* zu sehen ist, typisch für das Fantasy-Genre. Dies gilt es zu prüfen.

Für die Entwicklung in der Adoleszenz ist heute von Bedeutung, dass sich die Anforderungen an Subjekte durch Entstrukturierung und Pluralisierung auszeichnen. Erwartet werden die Wahrnehmung und Anerkennung von Ambivalenzen sowie die Fähigkeit zum Perspektivwechsel. Die Ausbildung einer selbstreflexiven Subjektivität ermöglicht ein hohes Maß an Teilautonomie und Handlungsfähigkeit. Dieses Entwicklungsziel muss mühevoll erworben werden und bildet den Gegenpol zu den im *Herrn der Ringe* favorisierten Entwürfen.[83] Die Anziehungskraft der Trilogie *Der Herr der Ringe* verweist auf die große Attraktion fundamentalistischer Gefühls- und Vorstellungsanteile, die in der Phantasie gern durchlebt werden und von Ansprüchen der inneren Differenzierung und Selbstreflexion einen Moment befreien. Sie ist mühelos. Einer kritischen Reflexion müssen sie dennoch unterzogen werden, schließt sie doch an kulturell verankerte Stereotype und an Schuld- und Strafvorstellungen an (gut-böse), die Subjektivität beschädigen. Ein wünschenswertes Entwicklungsziel sind Entwürfe, die innere Konfliktpotentiale und ungeliebte Seiten anerkennen können, Sexualität ohne Schuld und Angst, und Paarbeziehungen frei von Missachtung in Aussicht stellen.

[83] Vgl.: Hans-Joachim Busch 2005 und Benno Hafeneger 2005.

Anhang - Kurze Sendeschemata (Szenenabfolgen)

Teil I: Die Gefährten

1. Szene	Erzählung der Geschichte des Rings.
2. Szene	Gandalf, Frodo und Bilbo im Auenland.
3. Szene	Bilbos Abschied. Frodo wird Ringträger. Aufbruch der Hobbits mit dem Ring aus dem Auenland.
4. Szene	a) Verfolgung der Hobbits durch die schwarzen Reiter. b) Flucht vor den schwarzen Reitern mit Aragorn zu den Elben nach Bruchtal.
5. Szene	Bei den Elben in Bruchtal. a) Wiedersehen mit Gandalf und Bilbo / Erholung. b) Das Paar Arwen und Aragorn. c) Zusammenschluß der 9 Gefährten.
6. Szene	Aufbruch der Gefährten / Erster Angriff auf die Neun.
7. Szene	Angriff am Pass des Karadras.
8. Szene	Die Neun in den Minen von Moria. a) Kampf mit den Orks und dem Höhlentroll. b) Angriff der Orks und des Balrogs. c) Flucht aus den Minen / Gandalfs Tod.
9. Szene	Zuflucht der Gefährten in Lothlorien bei der Elbin Galadriel. a) Trauer um Gandalf. b) Blick Frodos in die Zukunft.
10. Szene	Angriff der Uruk-Hais und Trennung der Gefährten. a) Boromirs Tod. b) Verschleppung Merrys und Pippins durch die Uruk-Hai. c) Aragorn, Legolas und Gimli brechen auf, um Merry und Pippin zu retten. d) Frodo und Sam: Aufbruch nach Mordor.

Teil II: Die zwei Türme

1. Szene	Die drei Gefährtengruppen unterwegs. a) Frodo, Sam und Gollum auf dem Weg nach Mordor. b) Verschleppung von Merry und Pippin durch die Uruk-Hai nach Isengard. c) Verfolgung der Uruk-Hai durch Aragorn, Legolas und Gimli.
2. Szene	Schlimme Entwicklungen in Isengard und Rohan. a) Angriff Rohans durch Sarumans Schergen. b) In Rohan regiert Grima Schlangenzunge als Schattenherrscher Rohans.
3. Szene	Neue Verbündete und alte Feinde. a) Tötung der Uruk-Hai / Flucht Merrys und Pippins in den Fangornwald. b) Aragorn, Legolas und Gimli begegnen Eomer und seinen Männern, die ihnen vom Abschlachten der Uruk-Hai-Gruppe berichten. c) Aragorn, Legolas und Gimli auf den Spuren Merrys und Pippins. d) Merry, Pippin und der Baumhirte Baumbart auf dem Weg zum weißen Zauberer. e) Frodo, Sam und Gollum werden auf dem Weg nach Mordor von den Nazgul verfolgt.
4. Szene	Die Gefährtengruppen mit ihren Verbündeten auf dem Weg nach Mordor und Rohan. a) Aufbruch Aragorn, Legolas, Gimli und Gandalf der Weiße nach Rohan. b) Merry, Pippin und Baumbart im Fangornwald. c) Frodo, Sam und Gollum am schwarzen Tor von Mordor.
5. Szene	Folgenschwere Entscheidungen. a) Gandalf, Aragorn, Legolas und Gimli bei König Theoden in Rohan. Sie befreien Theoden von Saruman und Grima. Theoden beschließt, sein Volk in die Schutzburg Helms Klamm zu führen statt zu kämpfen. b) Zweiter Angriff Rohans durch Sarumans Wölfe. c) Gefangene Frodo, Sam und Gollum durch Faramir vor Gondor.
6. Szene	Vorboten des Krieges. a) Angriff der Wölfe Isengards auf dem Weg nach Helms Klamm. Aragorn stürzt über eine Klippe und bleibt verschwunden. Rohans Volk erreicht mit Legolas und Gimli Helms Klamm. b) Merry und Pippin sehen Sarumans Armee vorbeiziehen. c) Aragron hat überlebt und reitet nach Helms Klamm. d) Elrond überredet Arwen, mit den anderen Elben Mittelerde zu verlassen. Weissagung Galadriels über die Gefahr, daß der Ring durch Faramir in Menschenhände fallen könnte. e) Faramir entpuppt sich als Boromirs Bruder. Er befiehlt, Frodo, Sam und Gollum nach Gondor zu bringen.
7. Szene	Kriegsvorbereitungen. a) Aragorn erreicht Helms Klamm und warnt Theoden vor der heranziehenden Armee, Theoden ordnet Mobilmachung an. b) Merry, Pippin und der Baumhirte im Fangornwald. c) Bewaffnung der Männer in Helms Klamm, ein Elbenheer unter Haldir kommt von Elrond gesandt zur Unterstützung.
8. Szene	Der Kampf um Helms Klamm. a) Menschen und Elben kämpfen in Helms Klamm gegen die Uruk-Hai. Haldir fällt, die Überlebenden ziehen sich in die Burg zurück.
9. Szene	Hoffnungsvolle Entwicklungen. a) Faramir beschützt Frodo, Sam und Gollum vor den Nazgul. b) Aragorn und Theoden kämpfen gegen die Uruk-Hai, Gandalf und Eomer kommen ihnen mit einem Heer zu Hilfe. c) Merry, Pippin und der Baumhirte ziehen in den Krieg und zerstören Isengard. d) Faramir läßt Frodo, Sam und Gollum frei und nach Mordor ziehen.
10. Szene	Der Kampf ist noch lange nicht zu Ende. a) Die Helden haben die Uruk-Hai besiegt. Gandalf macht deutlich, daß der Krieg gegen Sauron erst noch bevorsteht.

	b) Frodo, Sam und Gollum ziehen weiter gen Mordor. Gollum plant, die beiden töten zu lassen.

Teil III: Die Rückkehr des Königs

1. Szene	**Rückblick: Inbesitznahme des Rings durch Smeagol.**
2. Szene	Die Gefährten nach dem Sieg bei Helms Klamm. a) Sam und Frodo auf dem Weg nach Mordor. b) Treffen in Isengard: Gandalf, Aragorn, Legolas, Gimli und Eomer. c) Siegesfeier bei König Theoden: Theoden, Aragorn, Eowyn, Legolas, Gandalf, Merry und Pippin.
3. Szene	Weiterführende Wege und Konstellationen. a) Frodo, Sam und Gollum auf dem Weg nach Mordor. b) Aufbruch Gandalfs und Pippins nach Minas Tirith. c) Erneuerung des Schwerts von Isildur durch Arwen.
4. Szene	Schlacht bei Osgiliath.
5. Szene	Gollum, Frodo und Sam auf dem Weg nach Mordor.
6. Szene	Niederlage bei Osgiliath.
7. Szene	Sammlung der gegnerischen Armeen. a) Aragorn und die Armee von Rohan. b) Saurons Armee vor Minas Tirith. c) Aragorn und das Totenheer.
8. Szene	Schlacht um Minas Tirith / Frodo, Sam und Gollum im Kampf auf dem Weg nach Mordor. a) Kampfbeginn um Minas Tirith. b) Frodos Kampf mit der Spinne und Gollum. c) Denethor. d) Gefangener Frodo. e) Kampf um Minas Tirith. f) Gandalf und Pippin.
9. Szene	Nahender Sieg der Gefährten bei Minas Tirith. a) Eowyn im Kampf. b) Aragorn, Legolas und Gimli erreichen Minas Tirith mit den Toten. c) Tod des Anführers der Nazgul durch Eowyn. d) Rückeroberung von Minas Tirith. e) Theodens Tod. f) Aragorn entläßt das Totenheer / Wiedersehen Merry und Pippin.
10. Szene	Siegesreicher Endkampf um den Ring. a) Sam und Frodo. b) Das Heer der Gefährten vor Mordors Toren. c) Sam trägt Frodo zum Schicksalsberg. d) Endkampf Frodo, Sam und Gollum. e) Rettung Frodo und Sam durch die Adler.
11. Szene	Das Ende. a) Wiedervereinigung der Gefährten. b) Krönung Aragorns und Heirat mit Arwen. c) Rückkehr der Hobbits ins Auenland. d) Frodos Abschied bei den Anfurten. e) Hochzeit Sam und Rosi.

Literatur

Busch, Hans-Joachim.: Subjektkonstitution und innere Realität. In: Hafeneger, Benno (Hrsg.): Subjektdiagnosen. Subjekt, Modernisierung, Bildung. Schwalbach/Ts: Wochenschau-Verlag 2005, S. 39-59.

Deserno, Heinrich: Männlichkeit und Ödipuskomplex. In: Brech, Elke u. a. (Hrsg.): Weiblicher und männlicher Ödipuskomplex. – Göttingen: Vandenhoeck & Ruprecht 1999, S. 81 - 110.

Deserno, Heinrich: Psychische Bedeutungen der inneren Genitalität in der männlichen Adoleszenz. Kasuistischer Beitrag zur unspezifischen Prostatitis. In: King, Vera/Flaake, Karin (Hrsg.): Männliche Adoleszenz. – Frankfurt/New York: Campus 2005.

Freud, Sigmund: Die Traumdeutung. In: Studienausgabe, Limitierte Sonderausgabe, Band 2. - Frankfurt a. M: Fischer 2000.

Hafeneger, Benno: Kulturelle Modernisierung in der jungen Generation. In: Ders. (Hrsg.): Subjektdiagnosen. Subjekt, Modernisierung, Bildung. Schwalbach/Ts: Wochenschau-Verlag 2005, S. 158-192.

Honneger, Thomas (Hrsg.): Translating Tolkien: Text and Film. - Zürich/Basel: Walking Tree Publishers 2004.

Lorenzer, Alfred: Das Konzil der Buchhalter. Die Zerstörung der Sinnlichkeit. Eine Religionskritik. - Frankfurt a. M.: Fischer Taschenbuchverlag 1988.

Lorenzer, Alfred (1973): Sprachzerstörung und Rekonstruktion. Aufl. 4. - Frankfurt a. M.: Suhrkamp 1995.

Lorenzer, Alfred: Tiefenhermeneutische Kulturanalyse. In: Lorenzer, Alfred (Hrsg.): Kultur-Analysen. Psychoanalytische Studien zur Kultur. - Frankfurt a. M.: Fischer 1988, S. 7 - 98.

Lorenzer, Alfred: Verführung zur Selbstpreisgabe – psychoanalytisch-tiefenhermeneutische Analyse eines Gedichtes von Rudolf Alexander Schröder. In: Lorenzer/Prokop/Görlich (Hrsg.): KulturAnalysen. Zeitschrift für Tiefenhermeneutik und Sozialisationstheorie. Marburg 1990, Heft 3, S. 261 - 277.

Lorenzer, Alfred: Was ist eine „Unbewußte Phantasie"? In: Schöpf, Alfred (Hrsg.): Phantasie als anthropologisches Problem. - Würzburg: Königshausen + Neumann 1981,. S. 213 - 225.

Mikos, Lothar; Eichner Susanne u. a. (Hrsg.): Die „Herr der Ringe"-Trilogie. Attraktion und Faszination eines populärkulturellen Phänomens. – Konstanz UVK Verlagsgesellschaft mbH 2007.

Mosse, George L.: Das Bild des Mannes. Zur Konstruktion der modernen Männlichkeit. - Frankfurt a. M.: Fischer 1997.

Prokop, Ulrike: Die Angst vor der Frau im Zeitalter der Intimität. Zum historischen Kontext der ödipalen Konstellation. In: Busch, H.J./Leuzinger-

Bohleber, M./Prokop, U. (Hrsg.): Sprache, Sinn und Unbewußtes – Tübingen: diskord 2003, S. 151-220.

Prokop, Ulrike: Rechtsradikalismus als politischer Fundamentalismus. In: Roher/Wagner-Rau/Jansen (Hrsg.): Die halbierte Emanzipation? - Königstein/Ts: Ulrike Helmer Verlag 2007, S. 173 - 201.

Rohr, Elisabeth/Jansen, Mechtild M. (Hrsg.) Die halbierte Emanzipation? Fundamentalismus und Geschlecht. – Königstein/Taunus 2007.

Schöpf, Alfred (Hrsg.): Phantasie als anthropologisches Problem. - Würzburg: Königshausen + Neumann 1981.

Stach, Anna: Die Inszenierung sozialer Konflikte in der populären Massenkultur am Beispiel erfolgreicher Talkshows – Ein Beitrag zum Thema Sozialisation durch Massenmedien unter besonderer Berücksichtigung geschlechtsspezifischer Sozialisation. - Marburg: Tectum 2006.

Stach, Anna: Kulturelle Muster der Geschlechter und die Bedeutung der Gruppe im Film *Der Herr der Ringe*. In: Rendtorff, Barbara/Kleinau, Elke (Hrsg.): ´Eigen und Anders´ (im Ersch.).

Stringer, Julian: Movie Blockbusters. - London/New York: Routledge 2003.

Volkan, Vamik: Blutsgrenzen. Die historischen Wurzeln und die psychologischen Mechanismen ethnischer Konflikte und ihre Bedeutung bei Friedensverhandlungen. Bern, München, Wien: Scherz 1999.

Elemente geschlechterbezogener Rezeption der Trilogie *Der Herr der Ringe*

Bettina Damaris Lange

Die Trilogie *Der Herr der Ringe* zog ein millionenfaches Publikum in die Kinos und die Begeisterung für die darin enthaltene Thematik besteht weiter, auch wenn das Erscheinen der Filme mittlerweile einige Jahre zurückliegt. Doch was genau ist es eigentlich, was die Scharen in die Kinos treibt? Worin besteht die Faszination, die die Geschichte um den kleinen *Hobbit Frodo* bei den ZuschauerInnen auslöst? Um uns einer Antwort auf diese Fragen anzunähern, haben wir Interviews mit Fans[84] geführt. Ziel war es, die Interviewten ihre Assoziationen möglichst frei äußern zu lassen.

Eine männliche Rezeptionsweise

Eines der Interviews wurde mit Dominik[85] geführt, der sich selbst als „eingefleischten *Herr der Ringe*-Fan" versteht. Gleich zu Beginn des Interviews erzählt er, dass er bereits die Bücher „verschlungen" (Interview Dominik, S. 2) habe, obwohl er sonst „eigentlich ein recht lesefauler Mensch" (Interview Dominik, S. 2) sei. Zum Zeitpunkt des Interviews lebt Dominik zusammen mit seinen Eltern in einem kleinen hessischen Dorf. Er ist 32 Jahre alt, hat ein abgeschlossenes geisteswissenschaftliches Studium und arbeitet als Medienpädagoge und Produzent von Werbefilmen. Besonders interessant an seiner Biographie ist, dass er zum Zeitpunkt des Erscheinens der *Herr der Ringe*-Filme selbst bereits erste Kurzfilme dreht. So ist es verständlich, dass er im Verlauf des Interviews immer wieder auch auf

---

[84] Bei den interviewten Fans handelt es sich um solche, die sowohl das Buch gelesen als auch die komplette Film-Trilogie gesehen haben. Dies entspricht der Fantypologie von Mikos et al., nach der der typische *Herr der Ringe*-Fan „ein genauer Kenner der Buchvorlage" ist. „78 % der Fans haben die Bücher ganz oder teilweise gelesen", vgl. Mikos 2007. Es wurden halbstrukturierte Leitfadeninterviews geführt. Diese wurden tiefenhermeneutisch ausgewertet.

[85] Der Name wurde geändert.

die Machart des Films zu sprechen kommt. Dominik formuliert im Interview sehr deutlich, was ihn an den Filmen fasziniert. Gleich zu Beginn des Interviews spricht er drei Themen an, auf die er im Verlauf des Interviews immer wieder zurückkommen wird. Ich werde diese Themen im Folgenden als zentrale Themenkreise ausführen. Das sind:

1. Die im Film dargestellte Phantasie-Welt, eine Welt, anders als die unsrige. Sie übt eine geradezu magische Anziehungskraft auf Dominik aus.

2. Die Inszenierung ´Gut und Böse´, die auf der inhaltlichen Ebene immer wieder zur Sprache kommt und zugleich ein zentrales Thema der gesamten Trilogie und des Fantasy-Genres ganz allgemein ist.

3. Die Kampf- und Schlachtszenen, die sich ebenfalls durch den gesamten Film ziehen.

1. Die Phantasie-Welt – Der Sieg ´des Guten´

Dominik bringt im Interview zum Ausdruck, dass er die im Film dargestellte Phantasie-Welt als sehr reizvoll empfindet. Seine Faszination für diese Welt wird konkret an der Beschreibung seiner Lieblingsfiguren deutlich. Diese sind: *Gandalf*, *Aragorn* und *Legolas*. Diese beschreibt er zunächst vor allen Dingen gemäß ihren Gattungen, d. h. er beginnt seine Beschreibung nicht etwa mit der Charakterisierung ihrer jeweiligen Eigenschaften, sondern ordnet sie, ganz im Sinne der Welt Tolkiens, als Kenner ihren Gattungen zu. Er erklärt, dass *Aragorn* „ein ganz normaler Mensch" ist, jedoch über „überirdische ... Fähigkeiten" verfügt, also fast schon ein „Übermensch" ist. *Gandalf* wird klar als „Zauberer" kategorisiert und *Legolas* ist natürlich ein „Elb, also ein engelsähnliches Lebewesen" (Interview Dominik, S. 4).

Im Zusammenhang mit der Figur *Legolas* fällt auf, dass es eine ganz besondere Eigenart der *Elben* ist, die Dominik für erstrebenswert hält. Ganz in der Szene sagt er: „Er hat aber auch ähm, Empfindungen, die ein Mensch, glaube ich, so nicht hat. Er ist, oder *El-*

ben sind allgemein sehr harmonisch und empfinden ganz viel Liebe. ... Das fasziniert mich so an den *Elben*, dieses himmlische" (Interview Dominik, S. 10). Die *Elben*, vertreten durch *Legolas*, sind für Dominik Wesen, die seinem Bedürfnis nach Harmonie, Frieden und Überwindung menschlicher Schwächen entsprechen. Um dieses Friedens willen nimmt er es in Kauf, dass sich diese doch eigentlich so feinen Wesen am Krieg beteiligen.

Aragorn ist für Dominik interessant, weil es ihm als Menschen gelingt, Eigenschaften zu entwickeln, wie er sie bei den anderen Wesen beobachtet. So ist es beispielsweise nicht normal, dass ein Mensch zehn Tage am Stück laufen kann, *Aragorn* kann dies jedoch. Es fasziniert ihn, dass es hier einem Menschen gelingt, sich zumindest ein Stück weit aus der menschlichen Schwäche heraus weiter zu entwickeln. *Aragorn*, so sagt er, „kann mit *Legolas* mithalten" (Interview Dominik, S. 10). Hierbei handelt es sich um die Faszination für übermenschliche Kräfte, vor allen Dingen Körperkräfte.

Auch wenn Dominik *Frodo* nicht direkt als Lieblingsfigur benennt, spricht er von ihm mit großem Respekt. Er sagt: „Er ist eigentlich zu bewundern, weil das könnte ja kein Mensch, den *Ring* so lange haben und er nimmt da dieses große Schicksal auf sich, seine Bürde" (Interview Dominik, S. 10 und 11). Auch hier geht es um außerordentliche Leistungen.

Dass diese von Tolkien geschaffene Welt mitsamt ihren Geschöpfen und Lebewesen eine große Anziehungskraft auf ihn ausübt, wird deutlich, als er auf die Frage, ob er selbst gerne einige Eigenschaften dieser Figuren hätte, mit einem lachenden „Wer nicht? - Ja." antwortet (Interview Dominik, S. 4). Die Phantasiewelt ist für ihn das Symbol für übermenschliche Kräfte sowie moralische und physische Unangreifbarkeit.

Dominiks Faszination für die Phantasie-Welt Tolkiens wird auch daran deutlich, dass er scharf zwischen unserer heutigen gesellschaftlichen Lebensrealität und Tolkiens Welt trennt. „So den Vergleich zu heute ziehe ich eigentlich gar nicht" (Interview Dominik, S. 6) sagt er und antwortet auf die Frage, ob er sich denn Personen wie *Gandalf* in der heutigen Gesellschaft wünschen würde, mit einem klaren Nein. Trotz all seiner Begeisterung für den *Zauberer* scheint eine Vermischung beider Welten für ihn nicht vorstellbar, die Phantasie-Welt geradezu zu kostbar, als dass man ihr Elemente für die reale Welt entnehmen könnte. In seinen Äußerungen wird die Sehnsucht nach einer besseren Welt jedoch deutlich, z. B. wenn er im Interview seinen Wunsch äußert, dass der Mensch besser mit der Umwelt und seinen Mitmenschen umgehen sollte (Interview Dominik, S. 9). Daraus könnte man schließen, dass die Situation, wie sie sich in der *Herr der Ringe*-Trilogie darstellt, trotz all der Schwierigkeiten und Herausforderungen, vor die sie die *Gefährten* stellt, auch die Hoffnung beinhaltet, diese Probleme meistern und Lösungen finden zu können, sprich, ´das Böse´ zu besiegen. Für die reale Welt scheint er diese Möglichkeit im Augenblick nicht zu sehen. Somit könnte es sein, dass für ihn etwas in der Geschichte zur Erfüllung kommt, wonach er eine Sehnsucht empfindet, wofür er aber in der realen Welt keine Erfüllungsmöglichkeiten sieht und so seine Wünsche in imaginären Räumen belässt. Interessanterweise sind dies Räume, in denen permanent Krieg herrscht.

Dominik faszinieren deutlich die überirdischen Fähigkeiten der *Gefährten*, wie er sie bei Menschen meint, nicht finden zu können. So stellt er nüchtern fest, „dass die Menschen halt schwach sind, also zumindest zu schwach, um den *Ring* dann zu behalten und für ´das Gute´ zu verwenden" (Interview Dominik, S. 4). Auch im Zusammenhang mit der Figur *Gandalf* erwähnt Dominik immer wieder dessen überirdische Fähigkeiten, die ihm gefallen. Mit dieser Sehnsucht nach ´guten´, starken Wesen, denen es gelingt, ihre Schwächen zu überwinden und sich selbst in den Dienst von etwas Höherem zu stellen, liegt er ganz auf der Linie des Films.[86] Er sagt auch, dass *Gandalf* „von Gott geschickt" ist (Interview Dominik, S. 4), offensichtlich auch ein Aspekt, der ihm wichtig ist und die Figur *Gandalf* als eine positioniert, die nicht einfach nur ein *Zauberer* ist, sondern eben von Gott, von etwas Höherem beauftragt. Schwäche und Machthunger sind die Eigenschaften, die er bei den Menschen beobachtet und die für ihn negative Eigenschaften sind. An dieser Stelle wird deutlich, dass es die Tatsache ist, dass die *Gefährten* bemüht sind, diese Eigenschaften zu überwinden, die für Dominik einen hohen Stellenwert hat. Es ist sein Ideal und sein Traum, dass die

---

[86] Siehe die inhaltsanalytischen Ergebnisse im Beitrag von Anna Stach.

Menschen diese in seinen Augen negativen Aspekte überwinden mögen. Resigniert sagt er: „Aber das ist ja noch Illusion, ... der Mensch ist noch recht primitiv in gewissen Dingen". Und weiter, schon etwas hoffnungsvoller: „Ich träume davon, dass die Menschen zwei Evolutionssprünge (lacht) nach vorne machen und dann diesen primitiven Drang dann nicht mehr haben" (Interview Dominik, S. 9). Hier folgt er ganz der Logik der Spaltung.[87]

Interessant im Zusammenhang mit der Figur *Gandalf* ist weiter, dass sie für Dominik keineswegs eine Vater- oder gar Großvaterfigur darstellt. Diese Vermutung würde aufgrund der Optik und der Figurenführung nahe liegen, doch Dominik formuliert deutlich, dass es „nur sein Intellekt" ist, der ihn fasziniert (Interview Dominik, S. 6). Auch die Vermutung, dass *Gandalf* als eine Art Vorbild fungieren könnte, weist Dominik von sich mit der Begründung, dass es ihm in der „realen" Welt weder an Vorbildern mangele, noch an Familienmitgliedern, die ihm unterstützend zur Seite stehen. So gesehen scheint Dominik Zugang zu sämtlichen Funktionen zu haben, die man mit *Gandalf* naheliegenderweise assoziieren könnte, sprich: unterstützende, männliche Vorbilder. Aber die profane Alltagswelt soll ganz draußen bleiben aus dem Phantasiebereich.

Das, was Dominik an *Gandalf* hervorhebt und bewundert, ist *Gandalfs* Intellekt, der es vermag, zwischen ´Gut und Böse´ zu unterscheiden, also ein starkes Wesen im Auftrag einer höheren, ´guten´ Macht. Es ist die Selbstphantasie eines starken Lehrers und Leiters, die hier von Bedeutung ist und jenseits des Alltags liegt. Dominik erwähnt im selben Atemzug, dass er es für wichtig erachtet, Probleme nicht wegzugeben, sondern sie „eigenständig zu lösen" (Interview Dominik, S. 7). Mit dieser Einstellung ist er sehr nah an der Art und Weise dran, wie ´seine Helden´ ihr Schicksal annehmen, sprich, sich auch vor den schwierigsten Aufgaben nicht zu drücken.

[87] Siehe die inhaltsanalytischen Ergebnisse von Anna Stach und Ramona Kahl in diesem Band.

2. ´Gut und Böse´

Dominik sieht die Seite ´des Guten´ vor allen Dingen durch die Figur *Gandalf* vertreten, die ´böse Seite´ durch *Sauron*. *Gandalf* ist eine seiner Lieblingsfiguren. Wenn man den sehr ausführlichen Beschreibungen der Figur *Gandalfs* im Interview folgt, könnte man sagen, dass *Gandalf* in der Reihe seiner Lieblingsfiguren unbestritten an erster Stelle steht. Das machen auch seine Affekte in der Erzählung deutlich. Es ist nicht nur die Tatschache, dass *Gandalf* „auf der richtigen Seite" steht, sondern auch, dass er „maßgeblich dazu beiträgt, dass die ´gute´ Seite dann auch gewinnt" (Interview Dominik, S. 6). *Gandalf* ist für ihn der Leiter und Organisator der ´guten Seite´, weil er die Zusammenhänge und Geschehnisse besser durchschaut und er ein weiser Mann ist. Dominik macht seine Faszination für die Figur *Gandalfs* an der Unterredung zwischen ihm und *Frodo* in den *Höhlen Morias* fest: Als *Frodo* äußert, dass ein Geschöpf wie *Gollum* den Tod verdient, unterweist *Gandalf* ihn gütig und streng mit den Worten: „Manche, die leben, verdienen den Tod und manche, die tot sind, verdienen das Leben" (Interview Dominik, S. 4). Es ist die liebevolle und ernsthafte Hinwendung einer ´guten´, weisen, männlichen Autorität zu einem jungen Mann. Für Dominik ist diese Szene eine der Schlüsselszenen, in denen *Gandalfs* Unterscheidungsvermögen zwischen ´Gut und Böse´ deutlich wird. Zwar, so erwähnt Dominik im Zusammenhang mit dieser Szenenbeschreibung, sei der Kampf *Gandalfs* mit dem „Feuerwesen" (Interview Dominik, S. 4) in den *Höhlen Morias* auch unwahrscheinlich beeindruckend, doch entscheidender im Gesamtkontext der Geschichte ist für ihn die Weisheit *Gandalfs*, die „maßgeblich dazu beiträgt, dass die ´gute Seite´ dann auch gewinnt" (Interview Dominik, S. 6). Die Faszination liegt daher in Szenen, in denen trickreiche, (kampf-)strategische Planungen und Handlungen gezeigt werden, die zum Erfolg im Kampf gegen ´das Böse´ führen. Seine Identifikation liegt auf der Ebene der ´guten Autorität´, des Lenkers und intelligenten Organisators für ´das Gute´.

Obwohl Dominik wiederholt betont, wie beeindruckend er es findet, dass *Gandalf* auf der richtigen Seite steht, erklärt er auf näheres Nachfragen, dass es ´das Gute´ und ´das Böse´ eigentlich nicht gibt, sondern dass jede Gesellschaft für sich entscheidet, was sie als ´böse´ und was als ´gut´ erachtet. Ziel dieses Kampfes für ´das Gute´ und gegen ´das Böse´ ist für ihn, „dass es nicht zwei Seiten gibt, die gegeneinander stehen, sondern dass die Menschheit an sich geschlossen ist“ (Interview Dominik, S. 12). Der Kampf für ´das Gute´, der ja oberstes Ziel der gesamten Trilogie ist, ist für ihn die Sehnsucht nach einer einheitlichen, das heißt harmonischen Welt.

3. „Männer lieben Schlachten“

Auf die Frage nach seinen Lieblingsszenen benennt Dominik die von ihm so bezeichneten Massen- und Schlachtszenen. Als Erklärung für diese Vorliebe, führt er einen ureigenen, männlichen Trieb an. Ihm ist sehr wichtig, zu betonen, dass er in der heutigen Zeit auf keinen Fall einem Krieg zustimmen würde und er vertritt die Haltung, dass man Konflikte auf friedliche Weise lösen muss. Da jedoch die kriegerische Auseinandersetzung im Film als einzig gangbarer Weg dargestellt werde, ginge es in diesem Fall lediglich darum, sich auf die richtige Seite zu stellen (Interview Dominik, S. 10). Für Dominik ist das Hauptthema des Films der Kampf zwischen ´Gut und Böse´, hier als „kriegerische Auseinandersetzung“ dargestellt. Er führt aus, dass „Kriege zwischen Gut und Böse“ Menschen faszinieren, insbesondere Männer (Interview Dominik, S. 14). Für ihn ist auch klar, dass Männer sich aufgrund ihrer Faszination für die Art der kriegerischen Auseinandersetzung mehr für die *Herr der Ringe*-Trilogie interessieren als Frauen. So versteht er auch sich selbst. Der Beitrag von Dominik macht sehr deutlich, dass es der Phantasieraum des Kampfes und der Spaltung ist, der fansziniert, und dass dieser – unabhängig von vernünftigen Einsichten und Abgrenzungen – emotional anzieht.

Eine weibliche Rezeptionsweise

Die folgenden Ergebnisse stützen sich auf ein Interview mit einer jungen Frau. Andrea ist 24 Jahre alt und befindet sich in Ausbildung zur Industriekauffrau. Sie lebt in einer bundesrepublikanischen Kleinstadt bei ihren Eltern.

Zwischen beiden Interviews gibt es Übereinstimmungen, aber auch Abweichungen, was die relevanten Themenkreise im jeweiligen Interview betreffen. Ein Punkt, der auch bei Andrea eine bedeutende Rolle spielt und im Interview genannt wird, ist das Thema ´Gut und Böse´. Daneben fasziniert sie die Tatsache, dass in der Geschichte von kleinen, unscheinbaren Wesen, also den *Hobbits*, sehr große Dinge geleistet werden. Einen dritten Schwerpunkt im Interview stellt ihre Begeisterung für die Figur *Eomer* dar, wobei sich ihre Faszination deutlich in zwei weitere Unterthemen aufteilt. Zum einen fasziniert sie die Person *Eomers* als Krieger und Held, zum anderen ist es die Beziehung zu seiner Schwester, die sie beeindruckt. Im Unterschied zu Dominik, kann sie sehr deutlich e i n e Lieblingsfigur benennen, während Dominik doch zumindest drei Personen zu seinen Lieblingscharakteren rechnet, zwischen denen er sich nicht eindeutig für eine entscheiden kann. Als ein vierter Themenkreis ergeben sich bei Andrea im Interview die Beziehungen der Figuren untereinander. Sie spielen in ihrer Rezeption eine große Rolle. Möglicherweise ist das ein Charakteristikum weiblicher Rezeption. Dies gilt es zu prüfen.

1. ´Gut und Böse´

Ganz ähnlich wie Dominik nennt Andrea als einen Punkt, der Begeisterung auslöst, das Thema ´Gut gegen Böse´ (Interview Andrea, S. 9). Wichtig ist ihr, wie auch Dominik, zu betonen, dass man ´Gut und Böse´ eigentlich gar nicht trennen kann, „weil jeder hat irgendwo auch seine ´bösen´ Seiten drin, … sieht man auch bei *Aragorn* zum Beispiel oder äh, dass da trotzdem immer so'n bisschen so ne dunkle Seite halt bei rauskommt" (Interview Andrea, S. 9). Andrea macht die Verflechtung von ´Gut und Böse´ an den Figuren fest, während Dominik allgemeine Aussagen über das Zusammenleben in einer Gesellschaft beiträgt. Auseinandersetzungen mit diesem Thema nehmen bei Dominik einen weitaus größeren Raum ein als bei Andrea.

2. Kleine vollbringen Großes in der Heldengruppe

Die erste Szene, die Andrea als eine ihrer Lieblingsszenen nennt, ist die Situation, als *Elrond* die Könige der Bewohner *Mittelerdes* versammelt hat, um mit ihnen eine Strategie gegen die Bedrohung *Mordors* zu entwickeln. Hier gefällt ihr zum einen, dass es ganz unterschiedliche Lebewesen sind, die sich zusammen gefunden haben, um gemeinsam eine Lösung zu entwickeln. Interessant für sie ist die Einigung angesichts der Differenzen untereinander und die gemeinschaftliche Beratung und Strategie. Zum anderen ist sie davon beeindruckt, dass es „dann dieser kleine (...) Knirps" ist (Interview Andrea, S. 3), der die große Aufgabe übernimmt, den *Ring* nach *Mordor* zu bringen. Hier liegt bereits eine deutliche Parallele zu den Beiträgen Dominiks. So wie er bewundert auch Andrea die Fähigkeit, über die eigenen Schwächen hinauszuwachsen und sich für die richtige Seite einzusetzen. Auch die Tatsache, dass ein kleines Wesen Großes vollbringt, war von Dominik bewundert worden.

Eine weitere Szene, bei der sich Andrea beeindruckt von den Fähigkeiten „kleiner Wesen" zeigt, ist die folgende: Als *Sam Frodo* auf dem Weg nach *Mordor* begleitet, baut er ihn auf, indem er ihm Mut macht. Deutlich formuliert sie, dass sie die Szene aus dem Grund berührt, weil *Sam* eher ein „Randcharakter" (Interview Andrea, S. 4) ist. Sie schwärmt von seiner Rede und findet sie „inspirierend" (Interview Andrea, S. 4).

3. Die Lieblingsfigur: *Eomer*, der Krieger

Eine weitere Lieblingsszene von Andrea ist die Begebenheit, als *Eomer* nach *Helms Klamm* kommt. Ihre Vorliebe für die Figur *Eomer* erklärt Andrea schwärmerisch damit, dass er „etwas Heroisches" (Interview Andrea, S. 3) hat. Mehrere Male im Interview erwähnt sie, dass er ein Krieger und Kämpfer ist. Doch es gibt noch einen weiteren Phantasieanteil, der für Andreas Faszination von Bedeutung ist. Für sie ist entscheidend, was er „schon erlebt hat, was er alles durchgemacht hat, und also dass er halt ziemlich, er ist halt en Krieger und das merkt man halt auch, und ... dass es halt nicht so einfach war alles für ihn“ (Interview Andrea, S. 5). Bei *Eomer* handelt es sich für Andrea also keineswegs um einen aalglatten Helden, der triumphierend und siegessicher seinem Ziel entgegengeht. Vielmehr liest sie seine Inszenierung als Darstellung einer Person, die sich zahlreichen Schwierigkeiten gegenüber sieht und die schwierige Erfahrungen gemacht hat. Einerseits mütterlich, andererseits begeistert, blickt sie auf diese Figur. Faszinierend ist für sie, dass *Eomer* nicht aufgibt. Er schlägt sich durch und umgeht Schwierigkeiten nicht. Andrea beeindruckt diese Eigenschaft, sich durchzuschlagen. Auch wenn *Aragorn* nicht explizit von Andrea als Lieblingsfigur erwähnt wird, so nennt sie im Zusammenhang mit ihm auch die Eigenschaft innerer Stärke, die sie an ihm fasziniert.

4. Beziehungen

Wie Dominik zeigt Andrea in den Beschreibungen und ihren Aussagen zu den Szenen ihr Bedürfnis nach Harmonie, was sie im Film immer wieder auch verwirklicht findet. Jedoch mehr als Dominik beschreibt sie ihr Empfinden für Spannungen und Streitigkeiten der *Gefährten* untereinander. Das heißt, sie nimmt die Beziehungen der Helden untereinander in den Blick. So nennt sie als eine ihrer Lieblingsszenen die Versöhnung zwischen *Aragorn* und *Legolas* nach einem Streit, was zum einen für ihr Interesse an Einigungen und der Freundschaft spricht, zum anderen aber auch für die Wichtigkeit, die sie den Beziehungen der Helden untereinander beimisst. In diesem Zusammenhang schildert sie eindrucksvoll die Ankunft der *Elben* in *Helms Klamm*, die sich der Schlacht gegen ´das Böse´ anschließen. Worte findet sie kaum, um erklären zu können, warum ihr dies gefällt. Sie schwärmt: „Ich finds einfach, ähm, einfach schön oder einfach, ja weiß ich nicht, irgendwie (...) überwältigend, ... die sind nicht alleine“ (Interview Andrea, S. 5). Angesprochen sind hiermit die grandiosen Kampf- und Rettungsphantasien, die im Film in überwältigender Ästhetik zur Darstellung kommen.

Andrea betont die Wichtigkeit der Harmonie der Gemeinschaft untereinander, sowie die gute Stimmung und Ausgelassenheit. Explizit erwähnt sie die Schlussszene der gesamten Trilogie, die sie als „Partyszene" (Interview Andrea, S. 4) bezeichnet. *Merry* und *Pippin* sind zurück im *Auenland* und feiern ausgelassen ihren Sieg, *Sam* hält Hochzeit mit *Rosi*. Diese ganze Szene hat für sie eine heitere, lockere Atmosphäre, die sie genießt. Auch Dominik empfindet das Ende als „toll, Happy End, schön" (Interview Andrea, S. 12).

Die Tatsache, dass es den *Gefährten* gelingt, ´das Böse´ zu besiegen und diesen Sieg dann auch genießen zu können, fasziniert beide gleichermaßen, wenn auch bei Andrea auffällt, wie detailliert sie die Stimmung beschreibt: „Find ich auch gut, wo dann halt *Merry* und *Pippin* auf dem Tisch tanzen und dann *Legolas* und *Gimli* da das Wetttrinken haben, find ich, das hat so, hat so 'ne auflockernde Wirkung" (Interview Andrea, S. 4). Und auf die Frage, warum ihr diese Gruppenszenen gefallen, antwortet sie: „Die sind nicht alleine" (Interview Andrea, S. 5). Der Schutz, den die Gruppe gewährt und die Beziehungen der einzelnen Mitglieder untereinander, sind für sie wichtig und werden lustvoll erlebt. Hier spricht sehr deutlich Andreas Phantasie des Aufgehobenseins in einer Gruppe.

Ihr Wunsch nach Harmonie untereinander tritt auch auf, wenn sie auf die Frage nach ihrem Lieblingsteil damit antwortet, dass dieses der dritte Teil sei, obwohl sie zunächst gar nicht sagen kann, warum. Sie sagt lediglich: „Friede, Freude, Eierkuchen (lacht), also dass es halt da dann das große glückliche Finale gibt" (Interview Andrea, S. 8). Es wird deutlich, dass es die Phantasie der Gruppe ist, die sie in den Bann zieht, und die für ihre Deutung des Schlusses eine wichtige Rolle spielt. Die Irritationen, die in der Forschungsgruppe in Bezug auf den Schluss deutlich geworden sind, werden vermutlich bei Andrea in der Phantasie der Gruppe aufgehoben.[88]

Andrea beschreibt auch die Freundschaft zwischen *Aragorn* und *Eomer*, ein für sie wichtiger Aspekt, den sie, sehr zu ihrem Bedauern, im Film vernachlässigt sieht, der jedoch im Buch deutlich beschrieben wird. So sagt sie, dass *Aragorn* sich für *Eomer* zu einem

---

[88] Siehe die inhaltsanalytischen Ergebnisse im Beitrag von Anna Stach.

„echt guten Freund" (Interview Andrea, S. 7) entwickelt. Er ist „loyal, er ist sehr loyal auch ... gegenüber ... seinem *Herrn Elrond*" (Interview Andrea, S. 7). An dieser Beschreibung zeigt sich, wie wichtig ihr die Beziehungen der Figuren untereinander sind, und das dieser Blick ein zentraler ist. Die Inszenierung der treuen Freundschaft und Loyalität haben für sie große Bedeutung. Auch das Verhältnis *Eomers* zu seiner Schwester wird von Andrea betont. Wichtig ist für sie, dass die „ziemlich ähm, eng zu, also zueinander stehen" (Interview Andrea, S. 7).

Resümee

Zusammenfassend kann man sagen, dass die größte Übereinstimmung beider Interviews in der Faszination für den ´Kampf des Guten gegen das Böse´ liegt. Auch stimmen beide Interviewten in der manifesten Aussage überein, dass für sie die Grenze zwischen ´Gut und Böse´ nicht klar gezogen werden kann. Im ´Guten´ finden sich auch ´böse´ Anteile und umgekehrt, so die beiden Interviewten. Dennoch bleiben der Phantasieraum des Kampfes und die Ebene der Spaltung für das Erleben zentral. Das zeigt sich in der Bewunderung der Helden als Kämpfer.

Nach dieser Gemeinsamkeit schließt sich jedoch ein deutlicher Unterschied zwischen beiden an. Dominik macht die Faszination für den Kampf zwischen ´Gut und Böse´ hauptsächlich an den Schlachtszenen fest, während Andrea ihn eher auf der Beziehungsebene verortet. In ihren Phantasien spielen Treue, Loyalität und Freundschaft, z. B. personifiziert in der Figur *Sam*, die schließlich dafür verantwortlich sind, dass ´das Gute´ gewinnt, die zentrale Rolle, wie auch der Gruppenzusammenhang. In Dominiks Phantasien spielen die Entscheidung für die richtige Seite, verbunden mit der Vorstellung des ´guten´, intellektuellen Lenkers, Lehrers und Leiters die zentrale Rolle. Diese Phantasieräume decken sich auch mit denen von TeilnehmerInnen des Seminars zur *Herr der Ringe*-Trilogie, in denen die männlichen Teilnehmer eher die Schlachtszenen und die Teilnehmerinnen eher die Beziehungen der Figuren untereinander beschrieben[89].

Eine Übereinstimmung beider Interviews zeigt sich darin, dass beide ihrer Faszination dafür Ausdruck verleihen, dass hier kleine Wesen große Dinge vollbringen. Die Phantasie, dass es nicht immer nur starke Helden sein müssen, die Großes leisten, spricht sie an. Daneben existiert die Begeisterung für das Heroische gleichermaßen. Beide schwärmen von den heldenhaften Figuren.

Literatur

Interview Dominik, 2008 (Interview I)

Interview Andrea, 2008 (Interview II)

Beide Interviews sind unveröffentlicht und befinden sich im Archiv der Autorin.

Mikos, Lothar: et al. (Hrsg.): „Die „Herr der Ringe"-Trilogie: Attraktion und Faszination eines populärkulturellen Phänomens". - Konstanz 2007.

[89] Hierbei handelt es sich um das von Dr. Anna Stach gehaltene Seminar „Generativität und Geschlecht im Film *Der Herr der Ringe*, das im Wintersemester 2006/2007 an der Universität Kassel am Fachbereich Gesellschaftswissenschaften stattfand.

Die *Herr der Ringe-Convention* (*Ring*Con*) – Ein Event für Fantasy-Fans

Astrid Vormschlag

Die Ring-Convention

Im Dezember 2001 kam der erste Teil der *Herr der Ringe*-Trilogie, *Die Gefährten*, in die deutschen Kinos. Im Herbst des folgenden Jahres wurde in Bonn die erste *Herr der Ringe-Convention* veranstaltet: die *Ring*Con*. Seitdem findet diese Tagung einmal jährlich im Herbst statt. Veranstalter ist die in Augsburg ansässige Fed-Con GmbH, die seit 1992 auch die *FedCon* organisiert, eine Convention für die Fans von *Star Trek* und anderen Science Fiction Filmen[90]. Die *Ring*Con* ist die bedeutendste unter den weltweit stattfindenden Conventions, die dem Tolkien-Stoff gewidmet sind. Nach Angabe der Fed-Con GmbH wohnen ihr im Durchschnitt 3.000 TeilnehmerInnen bei. Die Fans reisen nicht nur aus der gesamten Bundesrepublik und vielen europäischen Staaten wie der Schweiz, Österreich, Belgien, Großbritannien, Ungarn, Spanien, Frankreich, Italien, Tschechien, den Niederlanden, Dänemark und Schweden an. Es kommen auch BesucherInnen beispielsweise aus Japan, den USA, Kanada und Australien[91].

In den Jahren 2002 bis 2004 fand die *Ring*Con* im Hotel *Maritim* in Bonn statt, von 2005 bis 2007 im Hotel *Esperanto* in der hessischen Kleinstadt Fulda. Mit der *Ring*Con* 2008 (3. bis 5. Oktober 2008) kehrte die Veranstaltung nach Bonn zurück. Die BesucherInnen der *Ring*Con* sind zum großen Teil Stammgäste, die jedes Jahr wiederkommen und sich immer wieder ihrer Zugehörigkeit zu der weltweiten Fangemeinschaft vergewissern. Die *Ring*Con* erlaubt den Fans, bewusste und unbewusste Fantasien, die die Filme in ihnen ausgelöst haben, an einem Wochenende miteinander zu teilen und in diesem Rahmen auszuleben. Drei Tage lang leben sie praktisch in

---

[90] Zur Geschichte der *FedCon* siehe http://www.fedcon.de/pages_de/-history/history.php [Stand: 02.10.2007].

[91] Gemäß einer E-Mail der Fed-Con GmbH vom 19.02.2008.

Tolkiens *Mittelerde*. Doch wie läuft die Convention nun eigentlich ab? Die dreitätige Convention beginnt mit der so genannten *Opening Ceremony*, der Eröffnungsveranstaltung, in der die BesucherInnen vom *Master of Ceremonies*, dem Amerikaner Marc B. Lee, begrüßt werden. Dabei werden auch die Stargäste vorgestellt, bei denen es sich um mehr oder weniger außerhalb von Conventions bekannte SchauspielerInnen aus den Peter Jackson-Filmen handelt. Von ihnen sind im Laufe der Veranstaltung auch Autogramme erhältlich und die Fans können sich mit ihnen fotografieren lassen.

Zeremonienmeister Lee führt die BesucherInnen in englischer Sprache durch die Programmpunkte, die in der Haupthalle stattfinden. Das sind vor allem die *Panels*, in denen die Stargäste die Fragen der Besucher beantworten, von aktuellen Filmprojekten erzählen oder Comedy-Shows zeigen. Auch diese *Panels* werden in englischer Sprache abgehalten, ebenso wie die Fragen der Zuschauer. Übersetzer gibt es nicht, so dass sehr gute Englischkenntnisse Voraussetzung sind, um der Veranstaltung folgen zu können, was für einen hohen Bildungsstand der *Ringconnies*, wie sie sich selbst nennen, spricht. Doch die BesucherInnen konsumieren nicht nur passiv, sie organisieren viele Programmpunkte selbst, in denen sie ihre Hingabe an ihr Fandom demonstrieren. So gibt es zum Beispiel in der Haupthalle einen Videowettbewerb, in dem Clips aus zusammen geschnittenen und kommentierten Filmszenen gezeigt werden, diese oft mit homoerotischem Unterton[92]. Außerdem gibt es Auftritte des *Elben*chors und Tanzvorführungen. Ein weiterer Höhepunkt der Veranstaltung ist ein Kostümwettbewerb, in dem die oft in monatelanger Arbeit selbst geschneiderten, fantasievollen Gewänder vorgeführt werden. Diese Aktionen sprechen dafür, dass diese Fans durch den Tolkien-Stoff zu Aktivität angeregt werden[93].

Nicht alle Programmpunkte finden im Hauptsaal statt. In kleineren Räumen können für einen Aufpreis Seminare gebucht werden,

---

[92] Es gibt viele durch Fans gestaltete Webseiten zum *Herrn der Ringe* im Internet, die explizit homoerotische Darstellungen („Slash") enthalten, vgl. beispielsweise für Bilder („Slash Art"): http://www.squidge.org/~praxisters/ [Stand: 15.09.2007] und für Geschichten („Slash Stories") http://www.ofelvesandmen.com [Stand: 14.09.2007].

[93] Vgl. dazu den Beitrag von Ramona Kahl in diesem Band.

in denen man Chorgesang ebenso lernen kann wie historischen Tanz. Außerhalb des Hotels wird ein Bogenschießworkshop angeboten. Diese verschiedenen Veranstaltungen machen Aspekte des Films erlernbar und erfahrbar. Daneben werden in kleineren Räumen auch Vorträge von Mitgliedern der Deutschen Tolkiengesellschaft angeboten, die das Werk des Autors auf unterschiedliche Aspekte hin erforschen und ihre Ergebnisse humorvoll präsentieren. Die Convention wird am Abend des dritten Tages mit einer *Closing Ceremony* beendet, in der Zeremonienmeister Marc B. Lee Stargäste und BesucherInnen verabschiedet. Schon am nächsten Tag beginnen die Fans, im Internetforum die Tage bis zur nächsten *Ring*Con* zu zählen und einander über ihren *Ring*Con-Blues* hinwegzuhelfen.

Thematisierungen im *Ring*Con* – Forum im Vorfeld der Convention 2007

Mit einer teilnehmenden Beobachtung wurde die *Ring*Con* 2007, die vom 12. bis 14. Oktober 2007 in Fulda stattfand, von mir begleitet. Ich habe darüber hinaus die Diskussionen im Vorfeld der *Ring*Con* im offiziellen *Ring*Con*-Forum untersucht.[94] Auf dieser Internetseite agieren viele der Stammgäste der Convention unter Pseudonymen, den sogenannten „Nicknames“[95]. Sie bilden eine feste „virtuelle Gemeinschaft“[96]. Von Interesse war, welche Themen und Kommunikationsweisen sich in den Diskussionen zeigen.

Was also wurde im Vorfeld der Convention von den Fans thematisiert?[97] Per Internet trafen die Stammgäste Vorbereitungen für vielfältige Auftritte, Performances und Zusammenkünfte. Sie bildeten Fahrgemeinschaften, suchten Zimmergenossen für die Unterkunft und tauschten Tickets. Dabei verliehen sie ihrer Vorfreude immer wieder Ausdruck. Es wurde deutlich, dass die *Ring*Con* für viele

---

94 Ich habe die Diskussionen in einem Zeitraum von ca. 10 Monaten bis einen Tag vor der *Ring-Convention* verfolgt.

95 Vgl. Döring 1999, S. 293.

96 Vgl. ebd., S. 395.

97 Alle Informationen in diesem Kapitel sind entnommen aus http://forum.herr-der-ringe-film.de/postlist.php/Cat/0/Board/ringcon [Stand: 15.10.2007].

dieser jährlich wiederkehrenden BesucherInnen der Höhepunkt des Jahres ist. Die Veranstaltung hat angesichts der Vorfreude und der Aktivitäten emotional und alltagspraktisch einen hohen Stellenwert[98]. Jedoch gab es eine Änderung in der Organisation, die zu sehr hitzigen Diskussionen im Forum führte. Da offenbar ein massiver Einbruch bei den Kartenvorverkäufen stattgefunden hatte, sah sich der Veranstalter Fed-Con GmbH dazu gezwungen, die bisher ausschließlich dem Tolkien-Stoff gewidmete Convention hin zu anderen Fantasy-Genres zu öffnen. Wieso das Interesse an den recht teuren Eintrittskarten plötzlich erlahmt war, ist unklar. Nach Angabe der Fed-Con GmbH gaben viele TeilnehmerInnen ihre bereits gekauften Tickets zurück, weil ihnen die Stargastauswahl nicht gefiel.

Um die Convention auch für die Zukunft möglich zu machen, mussten neue Wege gegangen werden, was bei der ebenfalls von der Fed-Con GmbH veranstalteten *Star Trek-Convention FedCon* längst Realität und vollkommen unproblematisch ist, da deren Fans sich mit vielen Science Fiction-Filmen beschäftigen und nicht allein auf *Star Trek* fixiert sind[99]. Zunächst wurde für die *Ring*Con* anvisiert, SchauspielerInnen aus den *Harry Potter*-Filmen einzuladen. Dies traf jedoch auf heftigen Widerstand bei vielen Forumsmitgliedern, die um die Originalität ihrer Convention fürchteten. Sie verliehen ihrer Besorgnis Ausdruck, „ihre“ *Ring*Con* demnächst mit „Nickelbrillen tragenden Kindern im *Harry Potter*-Kostüm“ teilen zu müssen und argumentierten, die beiden Fandoms passten nicht zusammen. Es gab wortreiche und zum Teil sehr emotionale Diskussionen mit denjenigen, die entweder auch die *Harry Potter*-Filme mochten oder aber aus Vernunftgründen „lieber eine *Ring*Con* mit anderen Fandoms als gar keine *Ring*Con*“ haben wollten und somit kein Problem mit der Öffnung hatten. Die der Neuerung positiv gegenüberstehenden Forumsmitglieder waren in der Überzahl und die Fed-Con GmbH, die in Gestalt ihres Geschäftsführers Dirk Bartholomä im Forum ebenfalls vertreten war, verteidigte die Ent-

[98] Diese Struktur ähnelt dem jährlich stattfindenden Karneval, für den ein Jahr lang in Vereinen mit viel Energie und Freude von den Beteiligten Vorbereitungen getroffen werden.

[99] Vgl. Eisenbürger 2003, S. 120.

scheidung immer wieder damit, dass der Schwerpunkt auch weiterhin auf dem *Herr der Ringe*-Fandom liegen werde, aber aus finanziellen Gründen eine Öffnung unumgänglich sei. Schließlich wurden, da keine SchauspielerInnen der *Potter*-Filme zu bekommen waren, zwei Darsteller aus den sehr erfolgreichen *Fluch der Karibik*-Filmen angekündigt, was weitere Proteste nach sich zog.

Auch die Absagen bereits fest angekündigter Stargäste aus den *Herr der Ringe*-Filmen trugen zum Unmut der Stammgäste bei, denn die SchauspielerInnen sind für viele TeilnehmerInnen einer der Hauptgründe, zur Convention zu fahren: „Ihnen kommt eine wesentliche Bedeutung für den Zusammenhalt und die Identität der Gruppe“[100] zu. Der neuseeländische Schauspieler Craig Parker, der in den ersten beiden Teilen der Trilogie die Nebenfigur *Haldir* spielte, bisher jedes Jahr bei der Convention aufgetreten war und bereits als *Ring*Con*-Maskottchen galt, sagte ebenso ab wie sein Landsmann Karl Urban (*Eomer*). Dieser hatte bereits zwei Jahre zuvor kurzfristig seinen Vertrag gekündigt und gab auch diesmal einer anderen Verpflichtung den Vorrang. Die *Ringconnies* ließen sich schließlich mit der Aussicht auf John Noble (*Denethor*), Andy Serkis (*Gollum*) und *Hobbit*-Double Kiran Shah trösten und nahmen - zum Teil mit deutlich ausgedrücktem Widerwillen - die Einladung der beiden Piratendarsteller hin. Ob die kurzfristige Ankündigung von Isaac C. Singleton, Jr. und Clive Ashborne tatsächlich die Kartenverkäufe ankurbelte, ist nicht bekannt. Die Diskussionen im Forum wandten sich wieder schwerpunktmäßig den Vorbereitungen und der geteilten Vorfreude zu. Diese Auseinandersetzungen machen deutlich, dass die Filme, die ja beide dem Fantasy-Genre zuzuordnen sind und durchaus Ähnlichkeiten aufweisen, völlig unterschiedliche Wunschphantasien mobilisieren, die auch wesentlich für das gemeinsame Erleben der *Ring-Convention* sind. In dem einen Fall sind die Phantasien mit einer Eliteschule und einer Teenie-Gruppe verbunden, im anderen Fall mit einer kriegerischen Männergruppe, in der homosoziale Treue im Mittelpunkt steht.[101]

---

100 Vgl. ebd., S. 137.

101 Vgl. dazu den Beitrag von Anna Stach in diesem Band.

Die *Ring*Con* 2007 in Fulda: Beobachtungen und Erfahrungen

Das Kongresshotel Esperanto, dicht neben dem Fuldaer Bahnhof, wirkte auf mich wie ein nüchterner, kalter Betonklotz. Außer einem Plakat war auf Anhieb keine Dekoration zu sehen und in die sachlich eingerichtete Eingangshalle hätten eher Geschäftsleute gepasst als die Menschen, die mir dort begegneten. Obwohl ich mit den kostümierten BesucherInnen gerechnet hatte, war der Anblick befremdlich. Direkt aus *Lothlorien* oder *Bruchtal* schienen die in wunderschöne Kleider gewandeten *Elben*frauen mit ihren blonden Perücken und spitzen Ohren in diese sachlich-kühle Umgebung gekommen zu sein. Sie hatten sich in kleinen Gruppen in der Eingangshalle versammelt oder schritten stolz und selbstvergessen hindurch. Sie schienen sich keineswegs unpassend oder fehl am Platz in ihrer Verkleidung zu fühlen. Sie waren innerlich in *Mittelerde*. Es fiel sofort auf, was sich auch bei späterer Beobachtung verfestigte: Die Männer waren unübersehbar in der Minderheit. Ein als *Legolas* verkleideter ´androgyner Jüngling´ stach heraus und einige sehr überzeugende *Aragorn*-Doppelgänger hatten sich mit einem *Boromir*-Double zu einer Gruppe zusammengefunden. Auch ein täuschend echt aussehender *Captain Jack Sparrow* - schließlich war die Convention auch für die Fans der Trilogie *Fluch der Karibik* geöffnet worden - sowie ein fantastisch kostümierter *Oliphantenreiter*, fielen ins Auge. Aber die überwiegende Mehrheit der *Ringconnies* schienen Frauen zu sein. Wenn es auch einige sehr junge und hübsche Besucherinnen gab, waren viele eher unscheinbar. Sie waren etwa im Alter zwischen Mitte Dreißig und Mitte Vierzig. Einige wenige Paare waren im Laufe der Convention zu beobachten, bei denen beide Partner älter und verkleidet waren.

Ich ließ mir von einem sehr freundlichen jungen Mann das Plastikarmband anlegen, das zusammen mit einer ID-Karte für den Einlass vorgezeigt werden musste und sah mich im Gebäude um. Alle BesucherInnen, denen ich begegnete, ob nun kostümiert oder nicht, wirkten gelöst und glücklich. So sehr sich die Forumsmitglieder im Vorfeld der Convention auch gestritten hatten, so friedlich und freundschaftlich war nun die Atmosphäre, von Streitigkeiten keine Spur. Die TeilnehmerInnen saßen in Gruppen zusammen und unterhielten sich angeregt. Kaum jemand bewegte sich allein durch *Mittelerde*. Zur Opening Ceremony begab ich mich in die Haupthalle, Valinor genannt, die wie ein riesiger Kinosaal aussah. Die BesucherInnen saßen in aufsteigenden Reihen, abgesehen von den GoldticketinhaberInnen, die in einem ebenerdigen Block direkt vor der Bühne platziert waren. Die Bühne war *elbisch* dekoriert, mit weißen Säulen und einem wunderschönen, mit einem Schwan verzierten Boot, auf dem ich mir die Filmfigur *Galadriel* vorstellte. Das Setting lehnte sich damit an Inszenierungen im Film an und schuf gleichzeitig eine ähnliche Situation, wie die in der Kinorezeption. Diese Elemente trugen dazu bei, die mit der Trilogie verbundenen Phantasieräume zu mobilisieren.

Mit meinem 120 Euro teuren Silberticket, das mir für alle drei Tage den Besuch der Veranstaltung erlaubte, saß ich recht weit hinten, hatte aber dennoch einen guten Blick auf das Geschehen. Es war nicht zu übersehen, dass die Halle nicht annähernd voll war. Viele Fans waren in diesem Jahr nicht gekommen, was zum Teil wahrscheinlich an einem Bahnstreik lag, der vielen die Reise unmöglich gemacht hatte. Die, die ich beobachten konnte, schienen die Veranstaltung jedoch sehr zu genießen. Der sich sehr attraktiv inszenierende Amerikaner Marc B. Lee, Master of Ceremonies, begrüßte uns und rief die Stargäste nacheinander auf die Bühne, die sich schick gemacht hatten, aber keineswegs ihre Filmkostüme trugen. Darunter waren auch die beiden *Fluch der Karibik*-Darsteller, die, ebenso wie die anderen Gäste, mit frenetischem Applaus empfangen wurden, was mich angesichts der hitzigen Diskussionen über ihre Teilnahme überraschte. Einige Feuerschlucker führten auf der nun abgedunkelten Bühne ihre Künste vor, was eine sehr feierliche Atmosphäre erzeugte. Ein Schwerpunkt des Programms der *Ring*Con* waren Comedy-Beiträge, die eine sehr lockere Stimmung in die Veranstaltung brachten. Vor allem der Stammgast Mark Ferguson, der im ersten Teil der Trilogie eine winzige Nebenrolle (*Gil-Galad*) hatte, aber in seiner Heimat Neuseeland ein vielbeschäftigter Entertainer ist, brachte zusammen mit einigen weiteren NebendarstellerInnen die Fans in improvisierten Showeinlagen zum Lachen. Man musste schon sehr gute Englischkenntnisse besitzen, um die Witze zu verstehen und der Handlung folgen zu können. Das galt auch für die anderen, eher ´normalen´ Panels, in denen sich die anderen Stargäste den Fragen der Besucher stellten. Und: Die Fragen galten erstaunlicherweise eher aktuellen Filmprojekten und nicht den Peter Jackson-Filmen. Damit wird deutlich, dass es sich um eher gebildete Milieus handelt, die an der *Ring-Convention* teilnehmen und dort auch aktiv sind.

Ein Moment des Fremdschämens stellte sich bei mir ein, als ein junges Mädchen im einstündigen Panel des sehr sympathischen *Gollum*-Darstellers Andy Serkis ans Mikrofon trat und - nach ihrer Aussage für ihre Schwester - fragte, ob Schauspieler sich auch mit Fans anfreunden würden. Es war an der Reaktion der ZuschauerInnen – genervtes Kopfschütteln und abfällige Bemerkungen - deutlich zu erkennen, dass sie damit eine Grenze überschritten hatte. Die Stargäste sind für die BesucherInnen offenbar ein sehr wichtiger Teil ihrer Gemeinschaft und sie möchten von ihnen nicht als Groupies oder aufdringliche und besessene Fans gesehen werden. Eine andere Ebene betrifft das Alter: Die Reaktionen machen deutlich, dass sich die Gruppe als erwachsen, gebildet und medienbewandt verstehen will. Dazu passen keine „kleinen Jungen mit Nickelbrillen", wie in der Auseinandersetzung im Vorfeld bereits deutlich wurde. Das Publikum inszeniert mit seiner Reaktion eindeutig Distinktion von naiven Standpunkten. Wie reagierte Serkis? Andy Serkis ließ sich von dieser Situation nicht aus der Ruhe bringen und beantwortete die Fragen höflich und allgemein, so dass sich die Stimmung in der Halle schnell wieder verbesserte.

Interessant waren die von den Fans gedrehten Filme, die im Rahmen des Videowettbewerbs gezeigt wurden. Es gab auch einige romantische Szenen zwischen *Aragorn* und *Arwen*, aber es dominierten lustige Clips, die sehr häufig die enge Freundschaft zwischen *Aragorn* und *Legolas* thematisierten. Der unterschwellige homoerotische Aspekt dieser Beziehung wurde mit einem Augenzwinkern betont, aber nicht lächerlich gemacht. Auch die todtraurige Szene, in der *Elbenkrieger Haldir* im zweiten Teil der Trilogie in *Aragorns* Armen den Heldentod stirbt, wurde mit witzigen Kommentaren unterlegt und erhielt einen erotischen Unterton. Diese Filme ernteten nach meiner Wahrnehmung das meiste Gelächter und den meisten Applaus. Sie verweisen auf eine interessante Bewegung in der Fantasy-Fangruppe der Convention: Einerseits werden ernsthafte Identifizierungen deutlich – z. B. an den Verkleidungen, ich beschrieb die Eingangssituation der Convention, – andererseits zeigen sich Distanzierungen zum Stoff des Films durch Ironisierungen, Umformungen und Hervorhebungen latenter Sinnebenen. Beide Ebenen, Distanz, Gelächter, spielerisches ´Nicht so ganz ernst nehmen´ und tiefe Identifikation und Erleben der Phantasieräume des Films werden von den Fans offensichtlich lustvoll erlebt. Sie deuten auf eine aktive und produktive Auseinandersetzung mit dem Filmangebot.

Ich besuchte auch den Mittelaltermarkt, auf dem viele Händler Fanartikel wie Postkarten und Poster verkauften und einige Fangruppen Lager errichtet hatten und sich in voller Kostümierung selbst zur Schau stellten, ob nun als *Hobbits* oder *Rohirrim* verkleidet. Auch einer der Piratendarsteller, ein sehr großer und attraktiver Schwarzer namens Isaac C. Singleton, Jr., sah sich den Markt sichtlich interessiert an und ließ sich kostenlos mit Fans fotografieren, obwohl sie in der offiziellen Fotosession dafür hätten bezahlen müssen. Er schien sich auf der *Ring*Con*, inmitten der als *Hobbits*, *Orks* und *Elben* verkleideten Menschen, sehr wohl zu fühlen, was mich nach all den Kontroversen im Vorfeld sehr freute und rührte. Auch zwei Vorträge hörte ich mir an. In eher nüchternen Räumen referierten Wissenschaftler auf amüsante Weise über Drogen in *Mittelerde* und zeigten Videos von misslungenen Tolkien-Verfilmungen, die die Qualität der Jackson-Trilogie umso deutlicher machten. Die Fans lauschten den gut gestalteten und kurzweiligen Vorträgen interessiert und diszipliniert.

Am meisten faszinierten mich die kostümierten BesucherInnen. Meinem Eindruck nach überwogen sie zahlenmäßig die nicht verkleideten deutlich. Die schönen jungen Frauen in ihren aufsehenerregenden *Elbengewändern* und die attraktiven und sehr überzeugenden *Aragorn*-Look-alikes wurden in den Gängen immer wieder von anderen BesucherInnen gebeten, sich mit ihnen fotografieren lassen zu dürfen, was sie gern zuließen. Der Stolz über die Anerkennung der immensen Arbeit, die sie in ihre Kostümierung gesteckt hatten und im Fall der *Aragorn*-Doppelgänger sicherlich auch über die Ähnlichkeit mit dem bewunderten Filmhelden, war ihnen deutlich anzusehen. Mein Eindruck von der Convention ist, dass die BesucherInnen es sehr genossen haben, für ein Wochenende in der ´Sondersituation Convention´ durch „Maskierungen und Rollenwechsel"[102] ihren Alltag und ihre Rollen als SchülerInnen, StudentInnen oder Angestellte hinter sich zu lassen. Sie schienen sich auf der *Ring*Con* als Teil einer besonderen Gemeinschaft zu fühlen, die auf Tolkiens Büchern und mehr noch den Verfilmungen von Peter Jackson basiert, und mit der sie sich einerseits vollkommen identifizieren, andererseits produktiv auseinandersetzen. Ich war überrascht, dass trotz der erbitterten und teilweise beleidigenden Diskussionen im Forum eine solch fröhliche und friedliche Atmosphäre herrschte und keine Aversionen gegenüber den beiden Piraten-Darstellern zu erkennen waren. Vielleicht waren die Gegner der Fusion schließlich auch nicht gekommen.

Obwohl es weniger Dekoration gab, als ich erwartet hatte, und das Hotel und besonders die Haupthalle auf mich sehr nüchtern wirkten, schienen sich die *Ringconnies* wie in *Mittelerde* zu fühlen. Obgleich ich selbst die Jackson-Filme sehr gut kenne, kam ich mir wie ein Eindringling in einer fremden Welt vor und nicht als Teil der Gruppe. Offensichtlich teilte ich den hier eröffneten Phantasieraum mit den anderen nicht. Mir ging die Identifikation in der gemeinsamen Öffentlichkeit – anders als in der direkten Rezeptionssituation beim Filmschauen – zu weit. Bei den Panels und dem Videocontest, den etwas distanzierteren Bearbeitungen, habe ich mich amüsiert, das Ausschlussgefühl war jedoch die meiste Zeit über sehr stark. Bereits am Tag nach dem Ende der *Ring*Con* 2007 wurde im Forum damit begonnen, die Tage bis zur *Ring*Con* 2008 zu zählen[103], die - wohl aufgrund der rückläufigen Besucherzahlen - zurück ins Maritim-Hotel in Bonn verlegt wurde. Nach der *Ring*Con* ist vor der *Ring*Con*!

---

[102] Eisenbürger 2003, S. 134.

[103] Vgl. http://forum.herr-der-ringe-film.de/postlist.php/Cat/0/Board/ringcon [Stand: 15.10.2007].

Resümee

Die TeilnehmerInnen der *Ring*Con*, so lassen sich die Auswertung der Beiträge des Internetforums und die teilnehmende Beobachtung bei der *Ring*Con* 2007 zusammenfassen, sind keine isoliert die Filme konsumierenden Individuen, die sich lediglich passiv ´berieseln´ lassen. Im Gegenteil führt ihre Hingabe an den Tolkien-Stoff zu Gruppenaktivitäten, die in vielfältiger Weise um den Stoff des Films und mediale Produktionen kreisen. Viele BesucherInnen der Convention stellen aufwändige Kostüme her, die möglichst perfekt in die Welt Tolkiens passen sollen. Gemeinsam organisieren sie Monate im Voraus Aktivitäten, die auf der Convention durchgeführt werden, vom Kostümwettbewerb über Gesangsdarbietungen zu Tanzvorführungen. Die BesucherInnen teilen eine gemeinsame Erinnerung an Phantasieräume miteinander, die jedes Jahr wieder gefeiert wird und die über die virtuelle Gemeinschaft des Internetforums weit hinausgeht. Auf der Convention ist ein sehr starkes Gruppenzugehörigkeitsgefühl, eine starke Bindung an die Ingroup zu erkennen. Dies führte bei der Beobachtung unter anderem zu deutlichen Outgroup-Gefühlen.

Ein weiteres Ergebnis ist, dass die tragische Stimmung, die die *Herr der Ringe*-Filmtrilogie durchzieht und die von den ZuschauerInnen auch so rezipiert wird[104], bei der Convention in eine positive Stimmung umgeformt wird. Im Vordergrund der Convention steht die Freude und die Kreativität, die die BesucherInnen miteinander teilen. Dies zeigt sich zum Beispiel in den Comedy-Beiträgen der Stargäste und in den von den Fans hergestellten humorvollen Videoclips. In diesen Kurzfilmen wird die tragische Kameradschaft zwischen den *Gefährten Aragorn* und *Legolas* in eine unbeschwerte, homoerotische Männerfreundschaft verwandelt; einfallsreiche Tonunterlegungen formen *Haldirs* zu Tränen rührenden Heldentod zu einer amüsanten und erotischen Szene um. Diese Umformungen zeugen von einem hohen Bildungsniveau der Fangruppe. Dies zeigt sich auch an den sehr guten Englischkenntnissen, die Voraussetzung sind, um den durchweg in der Fremdsprache stattfindenden Panels folgen zu können.

---

104 Vgl. dazu den Beitrag von Anna Stach in diesem Band.

So ist das Fazit dieser Studie, dass die *Ringconnies*, wie sich die Mitglieder dieser Fangruppe selbst nennen, durch den Konsum der Filme zu hoher Aktivität angeregt werden und dass sie in eine aktive Gruppe eingebunden sind. Zudem sprechen die bei der Convention vorausgesetzten guten Englischkenntnisse für ein eher hohes Bildungsniveau der untersuchten Fangruppe. Außerdem ist die Stimmung auf der Convention eine durchweg positive; es findet eine Umformung des tragischen Genres statt. Es zeigt sich, dass sich die unmittelbare Filmrezeption mit ihren Phantasiekreisen von den Treffen der Fangruppen unterscheiden. Die Tragik, die Todesnähe, Opfertod und Bewährungsprobe spielen beim Treffen keine sichtbare Rolle. Die Fanszene teilt diese schweren Phantasien nicht unmittelbar, und sie werden nicht manifest thematisiert. In der gemeinsam geteilten Fanöffentlichkeit werden Teile der Tolkienwelt zum Leben erweckt und zu einem Event umgeformt, das Spaß und kreative Aktivität in den Vordergrund stellt.

Literatur

Döring, Nicola: Sozialpsychologie des Internet: die Bedeutung des Internet für Kommunikationsprozesse, Identitäten, soziale Beziehungen und Gruppen. - Göttingen u. a.: Hogrefe 1999.

Eisenbürger, Iris: Stars, Sterne und unendliche Weiten: Die Events der Star-Trek-Szene. In: Hepp, Andreas / Vogelsang, Waldemar (Hg.): Populäre Events: Medienevents, Spielevents, Spaßevents. - Opladen: Leske und Budrich 2003, S. 113 - 144.

http://forum.herr-der-ringe-film.de/postlist.php/Cat/0/Board/ringcon [Stand: 15.10.2007].

http://www.ofelvesandmen.com [Stand: 14.09.2007].

http://www.squidge.org/~praxisters/ [Stand: 15.09.2007].

Im Phantasieland Tolkiens: Fantasy-Rollenspiele - Ein adoleszentes Gruppenspiel um Identitätsentwürfe

Ramona Kahl

Im folgenden Beitrag wird das Medium der Fantasy-Rollenspiele betrachtet, wie sie von Jugendlichen und jungen Erwachsenen am Tisch gespielt werden.[105] Dabei handelt es sich um ein interaktives Erzählspiel in Kleingruppen, das in den 1970er Jahren in den USA entstanden ist und sich seit den 1980er Jahren in Deutschland großer Beliebtheit erfreut.[106] Im Folgenden geht es um die Analyse der im Spiel gelebten Phantasien und der Faszination, die davon ausgeht.

Was sind Fantasy-Rollenspiele?

Stellen Sie sich vor, Sie könnten sein, was und wie Sie schon immer sein wollten: Ein Held wie in ihrem Lieblingsroman oder Lieblingsfilm - berühmt, berüchtigt, stark, temperamentvoll, kauzig, magiebegabt oder übernatürlich. Ihren Ideen sind kaum Grenzen gesetzt. Für die Dauer einiger Stunden tun Sie so, als ob Sie diese Person wären und das in einer Gruppe von Freunden und Bekannten, von denen jeder ebenfalls eine fiktive Rolle mit all ihren Eigenschaften, Charakterzügen, Beziehungen und Handlungsweisen spielt. Dafür sitzen sie in privatem Rahmen zusammen und erzählen sich, was Sie als diese Person sagen und tun. Mit Ihrer Rolle sind Sie Teil eines imaginären Szenarios. Sie können wie die *Gefährten* im *Herrn der Ringe* in einem Fantasyland wie *Mittelerde* unterwegs

---

105 Sie werden auch als Pen & Paper bezeichnet. Der Name besagt, dass das Spiel nicht real umgesetzt wird, sondern mittels Regelbüchern, Würfeln, Landkarten und Notizen – kurz gesagt mit Stift und Papier - am Tisch (oder wahlweise auf dem Fußboden) stattfindet. Es handelt sich um ein Imaginationsspiel. Siehe auch Fußnote 114.

106 Näheres hierzu siehe: Weldon/Björnstad 1986 und Gygax 1980.

sein[107] oder in einer Science Fiction Metropole der Zukunft. In jedem Fall sind Sie in einer anderen Welt, die jenseits Ihrer realen Umgebung Gestalt annimmt. Ihre Augen und Ohren in der imaginierten Szenerie werden durch einen Erzähler ersetzt, der die Ereignisse, Orte, Einwohner und Geschehnisse beschreibt. Als Akteur der Handlung kennen Sie Verlauf und Ausgang der Ereignisse Ihres Abenteuers noch nicht; Sie bewegen sich mit anderen zusammen in einer Welt Ihrer Vorstellungskraft und begegnen dort Schrecken und Wundern, die Ihnen der Erzähler schildert.

Damit sind wir mittendrin in dem, was Fantasy-Rollenspiele ausmacht.[108] Es ist eine Art freies, theatrales Erzählspiel, bei dem sich eine Gruppe von zwei bis acht Spielern trifft, die für die Spielzeit in eine selbsterdachte Rolle schlüpfen. In einer Fantasywelt meistern sie vorgegebene Aufgaben und Schwierigkeiten im Rahmen einer abenteuerlichen Erzählung, die sie selbst mitgestalten. Die Aufgaben und Schwierigkeiten sowie die Schauplätze und Nebenfiguren werden von einem Erzähler - dem Spielleiter - entworfen und geschildert. Das Erscheinungsbild und die Gesetzmäßigkeiten der Spielwelt sowie die Regeln des Spiels können einem Regel-

---

[107] Es existieren diverse Rollenspiele, die im Fantasygenre beheimatet sind. Neben den bekanntesten Vertretern *Das schwarze Auge* und *Dungeons and Dragons* gibt es auch eine Spielvorlage, die explizit die *Tolkien*welt des *Herrn der Ringe* zum Inhalt hat: *MERS – Das Mittelerde-Rollenspiel*. Das Spiel erschien erstmals 1984. Im Zuge der *Herr-der-Ringe*-Filmtrilogie verlor der Spieleverlag I.C.E. 1997 seine Veröffentlichungslizenz. Der neue Lizenzinhaber Decipher brachte 2002 das *Lord of the Rings Roleplaying Game* mit Bildmaterial des Films heraus.

[108] Alle Ausführungen beziehen sich auf die Pen & Paper-Variante des Fantasy-Rollenspiels. Die ebenfalls existente Theatervariante von Fantasy-Rollenspielen ist davon abzugrenzen. Sie wird als Live-Rollenspiel bezeichnet. Im Live-Rollenspiel verkleidet und schminkt man sich und verkörpert seine Rolle wie ein Schauspieler, die Spielwelt ist materiell. Dadurch erlangt das Spiel eine größere Intensität und greifbare Erlebnisqualität. Die primäre Differenz zwischen Live-Rollenspiel und Tisch-Rollenspiel liegt in dem Verhältnis von Imagination zu realer Darstellung. Live-Rollenspiele ermöglichen eine tatsächliche körperliche Involvierung in das Geschehen, während Tisch-Rollenspiele der Imagination Raum geben, vgl.: Kahl 2007.

handbuch entnommen werden. Diese Aufgabe obliegt hauptsächlich dem Spielleiter. Er ist für die Regeleinhaltung, den Handlungsentwurf und die Dramaturgie zuständig, d. h. er ist Autor, Regisseur, Nebendarsteller und Schiedsrichter in einem. Die Spieler sind die Hauptfiguren der Handlung und agieren mit ihrer selbstgestalteten Rolle in dem Geschehen. Ihre Verhaltensweisen und Aktionen bestimmen den Verlauf sowie den Ausgang des Spielgeschehens maßgeblich mit. Die Interaktion der Spieler basiert auf Dialogen und Beschreibungen. Sie kommt mit einem Minimum an körperlicher Inszenierung aus, die sich auf Gestik, Mimik und Tonfall beschränkt. Aussehen der Spieler oder räumliche Gegebenheiten haben auf das Spielgeschehen keinen Einfluss. Die Unabhängigkeit von realen Gegebenheiten eröffnet den Spielenden enorme Gestaltungsfreiräume. Ein weiterer Aspekt, der die gruppenspezifische Gestaltbarkeit des Spiels ins Zentrum rückt, ist die Beeinflussbarkeit der Regeln. Es finden sich zwar Angaben für die Würfelproben, Figurengestaltung und die Gesetzmäßigkeiten der Spielwelt, doch sind diese Regeln lediglich Richtlinien und keine festen Setzungen. In der deutschen Ausgabe des Fantasy-Rollenspiels *Vampire – Die Maskerade* des Verlages White Wolf heißt es zum Beispiel[109]:

„Die goldene Regel“

Denken Sie daran, dass es bei *Vampire* letztlich nur eine wirkliche Regel gibt: Es gibt keine Regeln. Sie sollten dieses Spiel zu dem machen, was es für Sie sein soll – wenn Ihnen die Regeln im Weg sind, dann lassen Sie sie außer Acht oder verändern Sie sie. Letztlich ist die wahre Komplexität und Schönheit der realen Welt in Regeln nicht zu fassen; dafür sind Erzählen und Phantasie erforderlich. Diese Regeln sind in der Tat gar nicht so sehr Regeln als vielmehr Richtlinien, und es steht Ihnen frei, sie Ihren Wünschen gemäß zu gebrauchen, zu missbrauchen, außerachtzulassen und zu verändern.“[110]

---

109 Engl. Originaltext (inkl. der Hervorhebungen): „**The Golden Rule** Remember that in the end there is only one real rule in **Vampire**: there are no rules. You should fashion this game into whatever you need it to be - if the rules get in your way then ignore or change them. [...] Indeed, these rules are not so much rules as they are guidelines, and you are free to use, abuse, ignore and change them as you wish.“ Rein°Hagen 1992, S. 79.

110 Rein°Hagen 1995, S. 79.

Dieser Auszug macht deutlich, dass der Fokus des Spiels auf der Gestaltung durch die Spielenden liegt. Ihre Interessen und Bedürfnisse bei der Ausgestaltung des Erzählspiels stehen im Zentrum, da seine Ausübung vor allem von der Phantasie der Beteiligten gestaltet und getragen wird.

Phantasieangebot im Fantasy-Rollenspiel
1. Der Phantasierahmen der Spielwelt

Fantasy-Rollenspiele können in unterschiedlichen Genres angesiedelt sein. Die Bandbreite reicht von mittelalterlichen Szenarien über karibische Piratensettings bis hin zu Superhelden-Comicuniversen und Weltraumszenerien.[111] Die Spiele bieten unterschiedliche Bilderwelten an, die jeweils mit bestimmten Atmosphären und Themen verknüpft sind. Anders gesagt: Die Spielwelt legt Phantasiebilder vor, die den Spielern ein bestimmtes szenisches Angebot machen. Sie bilden die Matrix und die Rollen für das Spielgeschehen und liefern damit den Rahmen zur Gestaltgebung der Phantasien der Gruppe. Im Folgenden werde ich die Spielwelten der sogenannten klassischen Fantasy-Rollenspiele beleuchten.[112] Die Vorlage des klassischen Fantasy-Rollenspiels ist der genrebegründende Fantasyroman *Der Herr der Ringe* von J. R. R. Tolkien.[113] Als klassische

---

[111] Beispiele von Spielsystemen: „Super Heroes", ein Comic-Rollenspiel, „Die siebte See", ein Piraten-Rollenspiel, „Star Wars", ein Science-Fiction-Rollenspiel, „Rolemaster", das Rollenspiel zum „*Herr-der-Ringe*"-Kosmos.

[112] ´Klassisch´ deshalb, weil diese Spielwelten im strengen Sinn dem Genre der Fantasy angehören im Gegensatz zu den vielen anderen Spielsystemen aus anderen Genres, die auch als Fantasy-Rollenspiele bezeichnet werden (s. o.).

[113] Häufig wird neben Tolkiens Werk noch „Conan, der Cimmerier" von Robert E. Howard als weiterer literarischer Gründungsroman des Fantasygenres genannt. Howards Geschichte vom muskelgestählten Schwertkämpfer aus den 30er Jahren ist durch die Verfilmung „Conan, der Barbar" mit Arnold Schwarzenegger aus dem Jahr 1982 bekannt. Howards Werk begründete das Subgenre der „Sword-and-Sorcery" bzw. „Heroic Fantasy", das umgangssprachlich auch als „Low Fantasy" bezeichnet wird. Es zeichnet sich nach Tschirner durch ein Schwarz-Weiß-Weltbild, fixe Figurenstereotype, Standardisierung und selbstgenügsame Abenteuernarrative aus. Hinzu kommt eine Überrepräsentation von Gewalt und Sexualität (Vgl. Tschirner 1989, S. 34ff.). Ich möchte

Fantasy-Rollenspiele werden diejenigen Spielwelten bezeichnet, die im engen Sinne Fantasyszenarien darstellen. Fantasyszenarien zeichnen sich dadurch aus, dass sie sich am historischen Vorbild vormoderner Agrar-Zivilisationen orientieren und denen ein magisches Weltbild zugrunde liegt. Wie beim historischen Vorbild bewegen sich die Spieler in einem vorindustriellen Gesellschaftssystem. Die Kultur ist von verbindlichen Traditionen und religiösen Weltbildern geprägt, die den Gesamtzusammenhang des Lebens deuten.[114] Das Leben der Menschen ist auf die Bewältigung des Alltags und die Befriedigung der Grundbedürfnisse ausgerichtet. Zugleich ist es eine magische Welt, in der Gegenstände belebt sind und Dinge geschehen, die dem Alltagsverstand widersprechen. Fabelwesen wie Drachen, Elfen oder Zwerge so wie auch Magie und Zauberei sind Bestandteile dieser Welten. Gottheiten und andere übergeordnete Wesen nehmen Einfluss auf die Geschehnisse des Lebens. Das Spielsetting eröffnet eine naturverbundene, mystische Ordnung mit Ständesystem und märchenhaften, mythischen Komponenten.

In der Regel stellen Spieler klassischer Fantasy-Rollenspiele mit ihren Rollen bestimmte Klassen (Kämpfer, Dieb, Magier, Priester, Assassine, Gaukler usw.) und Rassen (Menschen, Zwerge, Elfen, Orks etc.) dar, abhängig von dem Angebot des Spielsystems. Dazu kommt eine moralische Ausrichtung, meist als Gesinnung bezeichnet, die sich in der Dualität von ´gut und böse´ bewegt, d. h. die Spielfiguren definieren sich vor allem über ihre Zugehörigkeit zu einem Stand, einer Rasse und Berufsgruppe sowie gemäß ihrer moralischen Verortung.

---

hinzufügen, dass das Weltbild weniger auf magisch-mythischen Elementen fußt und auf moralische Motivationen der Protagonisten im Gegensatz zum Fantasykonzept bei Tolkien verzichtet wird, vgl. Anna Stach in diesem Band.

[114] Vgl. Fend 1988, S. 61ff.

Die Spielwelt - Deutung

„Den Kräften des Guten – repräsentiert durch Ordnung, ‚Zivilisation' [sic!], Götter, Priester, ‚weiße' Magier, Helden etc. –, stehen die Mächte des Bösen entgegen – repräsentiert durch Chaos, Barbaren, Dämonen, Dämonenanbeter, ‚schwarze' Magier, Schurken, Monster etc.. Zwischen ‚Gut' und ‚Böse' gibt es meist keine Vermittlung, oder wenn, dann nur auf unterer Ebene. Die Spieler stehen in klassischen Fantasy-Welten meist auf der Seite des ‚Guten' ".[115]

Man kann das Spielsetting im klassischen Fantasy-Rollenspiel als bipolare Märchenwelt verstehen. Es ist eine Welt, in der alles in klare Kategorien und Gegensatzpaare wie ´gut und böse´, ´Recht und Unrecht´ unterteilt ist. Hier gilt das magische Denken[116], eindeutige Zuordnungen und Entscheidungen sind möglich. Mit Blick auf die moralische Entwicklung nach Kohlberg, lässt sich das klassische Fantasy-Rollenspiel im konventionellen Stadium verorten. Das konventionelle Stadium ist gekennzeichnet durch die

„Orientierung an Autoritäten, bestimmten Regeln und an der Aufrechterhaltung sozialer Ordnung. Richtiges Verhalten besteht darin, seine Pflicht zu tun, Autoritäten anzuerkennen und die vorhandene soziale Ordnung um ihrer selbst willen zu akzeptieren."[117]

Die Spielwelt inszeniert diese Haltung im Bild eines mittelalterlichen Feudalsystems, das als geordnet und ´gut´ dargestellt wird. Die Amts- und Würdenträger des Systems gehören der ´guten Seite´ an und gelten als legitimierte Autoritäten. Störungen der Ordnung gehen stets vom ´Bösen´ aus, das von außen kommt. Verkörpert wird es meist durch eine mächtige, dunkle Herrscherfigur, die der Initiator der Bedrohung ist. Die Pflicht der Spielfiguren ist es, ´das Böse´ zu bekämpfen und zu zerstören, um die Ordnung wieder herzustellen. In diesem Bestreben zeichnen sich die Figuren durch

---

[115] Knopf, T. (1996), Kap. 5, S. 2. - http://www.rpg.net/252/quellen/knopf, 24.04.02.

[116] „Das Denken des prä-operationalen Kindes basiert nicht auf Logik, sondern auf raumzeitlichem Zusammenfallen („Kontiguität"). Daher werden Objekte und Vorgänge, die gleichzeitig auftreten, in eine kausale Beziehung gesetzt: „Die Straße lässt das Auto fahren. (...)" (Pulaski 1978, S. 47). Dies sind Formen des magischen Denkens", Tillmann 1999, S. 88.

[117] Baacke Weinheim/Basel 1991, S. 157.

ihr richtiges Verhalten als Helden aus. Was ´richtiges und falsches´ Verhalten ist, steht wie im Märchen eindeutig fest.

Auf welche innere Szene verweist dieser Entwurf? Die zentralen Motive des klassischen Fantasy-Rollenspiels verlaufen analog den zentralen Themen der Märchen wie sie von Tolkien benannt wurden. Diese zentralen Themen sind „Wiederaufrichtung aus tiefer Verzweiflung, Errettung aus großer Gefahr und (...) Trost in Niedergeschlagenheit“[118] sowie die „Bedrohung der körperlichen oder moralischen Existenz des Helden“[119], die von Bettelheim ergänzt wurde. Im Fantasy-Rollenspiel steht der Aspekt der Gefährdung des körperlichen oder moralischen Überlebens der Spielhelden im Vordergrund. Es geht um das Bestehen von Prüfungen und wie im Märchen ist es das Ziel, sich für ´das Gute´ zu entscheiden und ihm zum Sieg zu verhelfen. Es geht darum, zu zeigen, dass ´man es bringen kann´ also um eine Bewährungsprobe. Solche Prüfungen werden gemäß den Prinzipien Opfer, Treue und Tapferkeit mit dem Ziel der Selbstreinigung bestanden. ´Das Böse´ ist außerhalb verortet und exterritorial.

Um zu verstehen, was das für die Spielphantasie heißt, werfen wir einen Blick darauf, was die Dualität von ´gut und böse´ hier bedeutet. ´Böse´ fungiert als Synonym für Eigenschaften wie gierig, maßlos, egoistisch, egozentrisch, chaotisch, entgrenzt, gefühlsenthemmt und unkontrolliert. Es steht dafür, den eigenen Bedürfnissen ohne Blick auf die anderen nachzugehen. ´Das Böse´ in der Fantasywelt kann in psychoanalytischem Sinn als das ES-nahe verstanden werden. Es symbolisiert die Triebe in ihrer enthemmten, unkontrollierten Form wie zum Beispiel die Gier. Die Kennzeichnung als ´böse´ verweist damit auf Themen des Triebverzichts, hier in der Gestalt der Triebenthemmung. ´Das Gute´ steht im Gegensatz dazu und ist ein Synonym für sittsam, kontrolliert, hilfsbereit, ehrlich, moralisch, selbstlos und tugendhaft. Als ´gut´ gilt jemand, der seine Interessen dem Allgemeinwohl unterordnet und sich in dessen

118 Bettelheim 1999, S. 165.

119 Bettelheim 1999, S. 167.

Dienst stellt.[120] ´Das Gute´ zeichnet sich durch Altruismus und gelungene Triebkontrolle aus. Der Konflikt zwischen ´Gut und Böse´ wird im klassischen Fantasy-Rollenspiel als Kampfnarrativ gestaltet. Die Spielerfiguren verteidigen auf der Seite ´des Guten´ die Ordnung gegen die bedrohenden, „bösen" äußeren Kräfte. Der Kampf fungiert als Bewährungsprobe der Helden, in der sie sich zum ´Guten´ entscheiden sollen.

Die Trennung in ´gut und böse´ kann aus psychoanalytischer Sicht als Spaltung innerer Ambivalenzen in getrennte Positionen verstanden werden. Die abgelehnten Anteile werden ausgelagert und außerhalb verortet. Der Kampf symbolisiert ein Ringen mit den abgewehrten Anteilen. Besteht das Abgewehrte aus Triebregungen, lässt sich der Kampf als Auseinandersetzung mit diesen Impulsen verstehen. Das Thema der Selbstreinigung im Kampf wäre dabei als Entsagung von den Triebbedürfnissen zu deuten, die Wendung zum ´Guten´ als Entscheidung zum Triebverzicht. Aus dieser Perspektive symbolisiert der Konflikt ein Ringen des Ichs mit seinen Es-Strebungen. Im Anschluss an die Interpretation des typischen Spielnarrativs im Fantasy-Rollenspiel wird sich noch eine weitere Sicht eröffnen. Für die Spieler besteht der Vorteil der inszenierten Spaltung darin, sich jenseits von Ambivalenz und Zweifel in einer klaren Position zu verorten, die als ´gut und richtig´ definiert ist. Abgewertete und verpönte Impulse können nach außen verschoben werden. Die Spaltung ermöglicht so die Verortung widersprüchlicher Gefühle in eindeutig voneinander getrennten Positionen. Dies umfasst Triebregungen und widersprüchliche Bedürfnisse, sowie ambivalente Gefühle in Bezug auf andere, wie beispielsweise die Eltern. Indem Impulse und Affekte außerhalb deponiert sind und eine Gestalt haben, kann man sich von ihnen abgrenzen. Dies kann

---

120 Dazu gehören der Heldentod und die Bereitschaft, sich selbst zum Wohle aller und für den guten Ausgang zu opfern. In dieser Phantasie liegt eine eigene Befriedigung, die sich aus dem damit verbundenen Narzissmus speist. Sie spielt allerdings im Fantasy-Rollenspiel eine untergeordnete Rolle. Hier liegt der Fokus auf der gegenseitigen Unterstützung der Gruppenmitglieder mit dem Ziel, gemeinsam zu überleben.

in der Jugendphase als Entwicklungsschritt auf dem Weg zur Integration gegensätzlicher Gefühle und Persönlichkeitsanteile produktiv sein.

Zusammenfassend lässt sich festhalten: Es handelt sich beim Entwurf des klassischen Fantasy-Rollenspiels um die Phantasie einer dichotomen Welt, deren hervorstechendes Merkmal die Spaltung in ein Zweikategoriensystem des Schemas ´gut/böse´ ist. Mittels der eindeutigen Bewertung und Zuordnung können widersprüchliche Impulse getrennten Positionen zugeordnet werden. ´Das Böse´ als Bereich der abgewehrten Impulse wird nicht integriert, sondern externalisiert. Die Spaltung hat den Vorteil, dass Ambivalenz und Zweifel im Spiel ausgeschlossen werden. Eine Reflexion über innere Widersprüche ist nicht erforderlich. In der klassischen Fantasywelt sind die verpönten Bedürfnisse außerhalb deponiert. So bietet sie die Möglichkeit, sich in der Gestalt des exterritorialen Anderen mit den abgewehrten Impulsen und Lebensentwürfen auseinanderzusetzen. Diese Phantasie kann als eine adoleszente Strategie verstanden werden, mit altersbedingten Themen wie sexuellen Triebregungen, körperlichen Veränderungen und schuldbehafteten Unabhängigkeitsbestrebungen[121] umzugehen.

Als Kulturmetapher greift die klassische Fantasywelt den verbreiteten Wunsch nach einer technikfernen, ´natürlichen´ Lebensweise auf. Sie bebildert einen konservativ-romantischen Entwurf vom ´Zurück zur Natur´. Damit spiegelt sie die Sehnsucht des modernen Menschen nach einem Leben vor der Selbstreflexion und Selbstentfremdung, wie sie sich im Zuge der Aufklärung und Industrialisierung etabliert hat. Das Wunschbild idealisiert die realen Gegebenheiten vorindustrieller Lebenszusammenhänge zu einem paradiesischen Zustand unter Ausgrenzung von Ambivalenzen, Hierarchie, Knappheit und Gewalt. Diese Vorstellung grenzt Triebwünsche aus.

---

121 Vgl. Baacke 1991, S. 234.

2. Was wird hier gespielt? Das Phantasieangebot des Spielnarrativs

Die Dramaturgie der abenteuerlichen Erzählung wird, wie bereits gesagt, auf der Grundlage der Bilderwelt vom Spielleiter entworfen. Seine[122] Ideen und Vorgaben bedingen die Szenenabfolge und das Thema der Handlung (z. B. den ´bösen´ Zauberring eines dunklen Herrschers zu vernichten, eine Stadt von einem Drachen zu befreien etc.). Die Akteure der Handlung, also die Spieler, können frei agieren. Dadurch kann sich die Handlung stets anders entwickeln als vom Spielleiter geplant. Verlauf und Ausgang der gemeinsamen Erzählung sind für alle Beteiligten offen. Wenn der vom Spielleiter vorgesehene Erzählstrang in irgendeiner Weise beendet ist - mehr dazu an späterer Stelle -, wird das Erzählspiel mit einer neuen Aufgabe fortgesetzt. Das Spiel kann so mit immer neuen Abenteuern, die die Figuren zu bestehen haben, über Jahre fortgesetzt werden. Der Moment des Gewinnens, der bei anderen Spielen den Endpunkt bestimmt, existiert in dieser Form im Fantasy-Rollenspiel nicht. Es gibt keine Konkurrenzsituation, aus der ein Spieler als Gewinner hervorgeht. Vielmehr bilden die Figuren der Spieler eine Gemeinschaft, die die gestellte Aufgabe als Team bewältigen soll. Der Spielprozess beim gemeinsamen Agieren in der Phantasiewelt ist dabei das entscheidende, nicht ein angestrebtes oder vorgegebenes Spielziel. Zur Illustration des Spielgeschehens ein fiktives Beispiel einer Anfangsszene im Fantasy-Rollenspiel: Der Spielleiter, nennen wir ihn Mark, hat sich mit seinen beiden Spielern, nennen wir sie Jessica und Tom, getroffen. Jessica und Tom haben ihre Rolle - im Spielerjargon „Charakter“[123] genannt -, unter Absprache mit Mark erstellt. Die Spieler kennen die Rolle des jeweils anderen

---

[122] Die männliche Form ist hier angemessen, da es sich in der Tat in den meisten Fällen um einen männlichen Spielleiter handelt.

[123] „Charakter“ wird hier in Anlehnung an den englischen Begriff „character“ als Betitelung der fiktiven Rolle verwendet, nicht zu verwechseln mit der deutschen Bedeutung von „Charakter“ im Sinne von „wesentliche Eigenschaft“ oder „ethische Wesenszüge“ einer Person, vgl. Kluge 1999, S. 152.

(noch) nicht. Nachdem sie bereit sind, anzufangen, eröffnet der Spielleiter das Abenteuer:

>>Mark: Es ist ein kalter, regnerischer Abend. Ihr seid in der Schenke „Zum grauen Reiher“ eingekehrt. Sie ist nicht die beste am Ort, hat aber einen guten Ruf, wenn man auf der Suche nach einem Auftrag ist. Im Schankraum ist die Luft rauchig und vom Stimmengewirr der Gäste erfüllt. Es ist sehr voll, nur noch an einem Tisch ist Platz.
Tom: Ohne mich umzuschauen, stapfe ich zu dem Tisch und lasse mich auf die Bank fallen.
Jessica: Ich gehe unauffällig zu dem freien Platz und lasse mich nieder. Wer sitzt sonst noch da?
Mark: Ein paar Handwerker und Fuhrleute und eine weitere Person. (zu Tom) Es wird Zeit dich zu beschreiben.
Tom: Dir gegenüber hockt ein breitschultriger Mann mittleren Alters mit kräftigen Armen. Neben ihm liegt ein Schwert. Er sieht ungewaschen aus, hat einen Stoppelbart und halblange Haare. Er trägt eine abgenutzte Lederrüstung und hat eine Narbe am Hals. Er säubert sich gerade mit einem kleinen Messer seine schwarzen Fingernägel und beachtet dich nicht. (Tom tut so, als würde er sich die Nägel säubern.)
Jessica: Ich mustere ihn einen Moment und halte dann nach der Bedienung Ausschau.
Mark: Eine rundliche Frau schleppt mehrere Bierhumpen an den Nachbartisch und kommt dann zu euch. „Was kann ich euch bringen?“
Tom: „Bier und was zu essen.“
Jessica: „Für mich auch.“
Mark: „Kommt sofort.“ Sie geht weg und kommt kurz darauf mit zwei Humpen und zwei Tellern mit Braten und Kartoffeln wieder. Sie stellt beides vor euch hin, kassiert und verschwindet wieder.
Tom: Ich säubere meine Fingernägel zu ende.
Jessica (wendet sich an Tom): „Könnten Sie das bitte unterlassen? Ich möchte essen.“
Tom: „Hindert dich doch keiner.“
Mark (zu Jessica): Beschreib dich mal.
Jessica: Ich trage einen langen grünen Kapuzenmantel, der mein Gesicht verdeckt. Jetzt zum Essen schlage ich die Kapuze nach hinten und du siehst eine schöne junge Frau mit silbrigen Haaren, hohen Wangenknochen, tiefgrünen Augen und spitzen Ohren.“
Tom (starrt sie finster an): „Elben, phh!“ (Er säubert seine restlichen Nägel.)

Jessica (seufzt): Ich ignoriere dich und esse.
Mark: Während ihr noch beim Essen seid, taucht neben euch ein alter Kauz auf in zahllose Umhänge und Tücher gewickelt. Er beobachtet euch mit scharfen Augen. „Ihr seid nicht von hier, heh? Auf der Durchreise, wie? Lust, euch ein bisschen was zu verdienen?"
Tom: „Kommt drauf an."
Mark: „Ich hätte da eine Fracht, die besondere Bewachung braucht. Der Besitzer möchte, dass es wohlbehalten bei ihm eintrifft. Interessiert?"
Tom: „Wie viel?" Jessica: „Worum handelt es sich denn?"
Mark: „Es ist ein Kästchen, das zum Schloss von Daren muss. Ein langer und nicht ungefährlicher Weg. Bei Ankunft 10 Goldstücke für jeden."
Jessica macht beim Namen Daren große Augen.
Tom pfeift durch die Zähne: „10! Gemacht. Dafür spiele ich sogar den Aufpasser für das Elbenmädchen."
Jessica: „Ich nehme auch an. Doch einen Aufpasser brauche ich sicher nicht, ungehobelter Kerl."
Tom guckt finster zu Jessica und murmelt dann: „10 Goldstücke. 10!"
Mark: Der Alte zieht aus seinem Umhang eine in Stoff gewickelte Kiste und gibt sie euch. „Es eilt, drum müsst ihr gleich aufbrechen. Keine Verzögerung. Die Kiste muss binnen 4 Tagen da sein. Klar?"
(Beide stimmen zu.) „Dann Hand drauf!" (Beide schütteln ihm, also Mark, die Hand.) Beim Abschied wünscht er euch viel Glück und lacht gackernd, als hätte er einen guten Witz gemacht. Dann ist er verschwunden. Ein Donnergrollen und ein greller Blitz zerreißen die Nacht.
Plötzlich stürmen schwarz gekleidete Männer mit Schwertern in den Raum und fangen an, die Gäste zu durchsuchen. Was tut ihr?
Tom: Ich schnappe die Kiste und stürze so schnell ich kann zur Hintertür.
Jessica: Ich eile hinter ihm her und versuche zugleich, einen Zauber zu sprechen, der uns vor den Blicken verbirgt.
Mark: Würfel ob es dir gelingt. (Der Wurf gelingt.) Unbemerkt könnt ihr herauslaufen. Doch dort wartet ein weiterer Schwarzgekleideter.
Tom: Ich ziehe mein Schwert und greife ihn an.
Jessica: Derweil renne ich zum Stall und hole die Pferde.
Mark zu Tom: Würfel den Angriff. (Der Wurf misslingt.) Du hast Schwierigkeiten mit der Kiste unterm Arm das Schwert einzusetzen und haust daneben. (Er würfelt mehrmals.) Doch dein Angreifer schlägt auch daneben und kommt dabei aus dem Gleichgewicht.
Tom: Ich renne ihn über den Haufen.

Mark: Er taumelt zur Seite und du kannst vorbei. Derweil bist du im Stall. Was machst du?
Jessica: Ich sattele in Windeseile mein Pferd und dann ein zweites.
Mark: Als du gerade beim zweiten bist, taucht dein Begleiter auf.
Tom: Ich schnappe mir einfach das Pferd und springe drauf. Satteln dauert zu lange. Dann nichts wie raus.
Jessica: Ich schwinge mich aufs Pferd und presche hinaus.
Mark: Keinen Moment zu früh, denn kaum, dass ihr die Stalltür passiert habt, tauchen mehrere Schwarzgekleidete auf und machen Anstalten, euch anzugreifen. Würfelt, ob ihr euer Pferd noch wenden könnt. (Sie würfeln und haben Erfolg, Mark würfelt ebenfalls.) Ihr seid schnell und kommt davon. Hinter euch hört ihr, wie die Schenke in Flammen aufgeht. Gefolgt vom orangeroten Schein des Feuers flieht ihr in die verregnete Nacht.>>

Im weiteren Verlauf wird sich aus der vom Spielleiter erdachten Dramaturgie und den Aktionen und Einfällen der Spieler die Handlung der Geschichte entspinnen. Eine solche Gruppengeschichte ist abhängig von den beteiligten Individuen, ihren Ideen und spontanen Reaktionen. Daraus entstehen gruppenspezifische Narrative, die sich aus dem Zusammenspiel aller Beteiligten entwickeln. Jenseits der spezifischen Erzählung einer Spielgruppe, lässt sich jedoch ein allen Fantasy-Rollenspielen zugrundeliegendes Narrativ erkennen. Es zeichnet sich durch einen spezifischen Ablauf und Spannungsbogen aus, der im Folgenden in drei Sequenzen dargestellt und mit Blick auf die inszenierte Phantasie gedeutet wird.

Die Deutung der Spieldramaturgie

Das zugrundeliegende Motiv der Spielerzählung ist die Gefährdung des körperlichen oder moralischen Überlebens einer Gruppe von Helden. Zentral ist die *gemeinsame* Bewältigung großer Gefahren und Überwindung ´böser Gegner´ im aktiven Spielprozess. Was bedeutet diese Inszenierung mit Blick auf die Spieler? Anhand der drei Hauptabschnitte des Narrativs - der Ausgangssituation, dem Handlungsverlauf und dem Höhepunkt -, wird der Frage nachgegangen, was in dem Spiel inszeniert wird.

Die Anfangssequenz: Der Einstieg im klassischen Fantasy-Rollenspiel gestaltet sich typischerweise wie im obigen Beispiel. Die Figur des Spielers trifft auf die anderen Spielerfiguren, sie finden sich als Gruppe zusammen, indem sie gemeinsam eine Aufgabe, einen Auftrag übernehmen. Dann begeben sie sich auf die Reise, um diese Aufgabe zu erfüllen. Beliebter Motor, um die Handlung in Gang zu bringen und die unterschiedlichen Figuren zur Zusammenarbeit zu motivieren, ist eine gemeinsame Gefahrensituation, wie der Angriff der schwarzgekleideten Schwertkämpfer im Beispiel. Zentrales Thema des Anfangs ist demnach, sich hinter der Maske eines Alter Egos mit anderen Individuen zusammenzufinden. Gemeinsam gilt es, eine Herausforderung anzunehmen, die einen Auszug in die Welt erfordert. Als adoleszente Phantasie gelesen, kann das als Inszenierung des Aufbruchs in die Welt der Erwachsenen verstanden werden. Es wird die Notwendigkeit in Szene gesetzt, aus dem Schutz des Vertrauten - des Elternhauses bzw. der kindlichen Lebenswelt - in die unbekannte, bedrohliche Öffentlichkeit hinauszugehen.[124] Die Formierung als Gruppe von gleichrangigen Individuen symbolisiert hierbei den Zusammenschluss von Jugendlichen zu einer Gleichaltrigengruppe, einer Peer-Group.

Der Handlungsverlauf des Spiels: Auf der Reise durch die Fantasywelt treten Hindernisse, Gefahren und Gegner auf, die gemeinsam von der Spielergruppe überwunden werden müssen. Dadurch wird die Gemeinschaft gestärkt und die Kenntnisse und Fähigkeiten jedes Einzelnen werden stetig verbessert. Je weiter sich die Gruppe der Lösung ihrer Aufgabe nähert, desto komplexer und gefährlicher werden die zu bewältigenden Hindernisse und Gegner. Dabei kristallisiert sich ein übermächtiger Widersacher als Drahtzieher hinter den Schwierigkeiten heraus. Er steht der Lösung des Auftrags immer wieder im Weg, so dass die Handlung auf eine Konfrontation mit ihm hinausläuft. Die Reise kann als Erkundung der Erwachsenenwelt und ihrer öffentlichen Räume durch die Jugendlichen verstanden werden. Diese Bewegung in der Öffentlichkeit ist mit Her-

124 Im klassischen Fantasy-Rollenspiel hat der Auszug meist positiv neugierigen Charakter. Es geht darum, sein Glück zu machen, Neues von der Welt zu sehen und sich darin zu bewähren. Im Dark-Fantasy-Rollenspiel entsteht die Motivation häufig aus der Verwicklung in dramatische Ereignisse oder der Notwendigkeit der Existenzsicherung. Im einen Fall also ein neugieriger oder optimistischer Aufbruch, im anderen ein nicht zu umgehender Zwang.

ausforderungen und Schwierigkeiten verbunden, die es zu meistern gilt. Mit jeder bewältigten Situation gewinnt der Heranwachsende dabei an Erfahrung und Kompetenz hinzu, so dass er sich immer komplexeren Situationen stellen kann. Unterstützung erfährt er im kooperativen Verbund der Gleichaltrigengruppe. Es geht hier um die Inszenierung jugendlicher Bewährung in der Erwachsenenwelt. Dieser Aufgabe stellt sich der Heranwachsende im Verband einer Clique. Sie gewährt Rückhalt und Schutz und dient als (einziger) Ort des Vertrauens.[125] Im Zusammenschluss mit den Gleichaltrigen ist es möglich, sich selbst der schwierigsten Prüfung und der übermächtigsten Autorität mit der Aussicht auf Erfolg zu stellen. Wie das zu verstehen ist, wird mit Blick auf den Höhepunkt der Handlung deutlich.

Der Höhepunkt des Spiels und Endpunkt des Narrativs: Am Schluss der Abenteuererzählung gilt es, den letzten Schritt zur Erfüllung des Auftrags zu unternehmen. Das ruft den mächtigen Widersacher auf den Plan. Er steht dem erfolgreichen Abschluss im Weg, so dass eine Auseinandersetzung unausweichlich ist. In einem meist actionreichen Endkampf versucht die Spielergruppe, ihren Gegner unter Einsatz aller Mittel und mit vereinten Kräften zu besiegen. Sollte die Gruppe scheitern, bedeutet das ihre Vernichtung und führt dazu, dass mit neuen Figuren ein neues Abenteuer begonnen wird. Bei erfolgreichem Ausgang wird der Gegenspieler bezwungen und in der Regel vernichtet. Der Sieg fällt mit der Lösung der Aufgabe und dem Endpunkt des Narrativs zusammen. Alle abschließenden Handlungen der Charaktere (Rückkehr zum Auftraggeber, Empfang des Lohns etc.) können in einer Beschreibung zusammengefasst werden. Sie sind in der Spieldynamik nicht mehr relevant. Das Ziel der Spielinszenierung ist erreicht. Die Gleichaltrigengruppe stellt sich ihrer zentralen Aufgabe. Sie besiegt und vernichtet den Gegner, der der erfolgreichen Lösung ihrer Aufgabe im Weg steht. Aus entwicklungspsychologischer Sicht gilt als eine zentrale Aufgabe der Adoleszenz, das Erwachsenwerden mit der Ausbildung einer eigenen (sexuellen) Identität. Das übermächtige Gegenüber, das dieser Aufgabe im Weg steht, ist die elterliche Autorität. Sie gilt es,

[125] Vgl. Helfferich 1994.

psychisch zu entmachten, um sich eigene Werte und neue Handlungsmuster zu erschließen und eine autonome Identität zu entwickeln. Da diese Aufgabe komplex und angstauslösend ist, bedarf es des Rückhalts in der Gleichaltrigengruppe, im Spiel symbolisiert durch die Mitstreiter. Damit ist der immanente Sinn des Spielnarrativs deutlich: Es geht um die symbolische Ablösung und Verselbständigung von den Elternfiguren.

Dieser latente Sinn verbindet sich mit den aufgezeigten Phantasieangeboten der Spielwelten in unterschiedlicher Weise. Im Genre des klassischen Fantasy-Rollenspiels ist das Thema der Spaltung zentral. Der Spieler löst seine Ambivalenz, indem er abgelehnte Anteile abspaltet und in einer äußeren Position verortet. Mit Blick auf das Spielnarrativ liegt die Schlussfolgerung nahe, dass es sich dabei unter anderem um widerstreitende Impulse gegenüber den Eltern handelt. Die negativen Affekte werden im Spiel auf die ´bösen Gegner´ gerichtet, die in dieser Lesart abgelehnte Anteile der Eltern verkörpern.[126] Diese abgelehnten Elternbilder bzw. Affekte den Elternfiguren gegenüber, werden im erfolgreichen Spielverlauf symbolisch vernichtet. Damit ist der Ablösungskampf von den Eltern im klassischen Fantasy-Rollenspiel als eine symbolische Lösung zu verstehen. Wenn dies im Spiel geschieht, ist die Welt wieder in Ordnung - bis der nächste Bösewicht erscheint. Das bedeutet, die innere Ambivalenz kann auf dem Höhepunkt der Inszenierung kurzzeitig aufgelöst werden. Sie tritt jedoch wieder in Erscheinung, was sich in der Fortsetzung des Spiels spiegelt.

Der Zyklus des Spiels – Wiederholung statt Abschluss. Als letzter Aspekt des Spielnarrativs muss sein Wiederholungscharakter betrachtet werden. Sobald der Endkampf vollzogen ist, geht das Spiel mit

[126] Die positiven Anteile werden von den guten Vorbildern im Spiel verkörpert. Diese Deutung verweist auf den psychischen Vorgang der frühkindlichen Spaltung des Elternbildes in die ´gute´ und die ´böse´ Mutter. Die positiven und die negativen Interaktionsmuster werden dabei separaten Personen zugeschrieben. Auch für diese Lesart des Spaltungsvorgangs im klassischen Fantasy-Rollenspiel gilt, dass es die Verortung von widersprüchlichen Gefühlen - den Eltern gegenüber - ermöglicht. Der Gewinn besteht in einem produktiven Zwischenschritt auf dem Weg der Integration ambivalenter Gefühle.

einer neuen Aufgabe weiter. Auf dem Weg, die Aufgabe zu lösen, treten Gefahren und Gegner auf, die noch stärker sind als die vorherigen. Wieder gilt es, sie gemeinsam zu überwinden. Dies läuft mit steigender Intensität auf die Konfrontation mit dem neuen Hauptgegner hinaus und mündet bei erfolgreichem Verlauf in dessen Vernichtung. Das Spiel fängt mit dem bewältigten Endkampf wieder von vorne an. In diesem Kreislauf liegen die Dynamik und die Lust des Spiels. Ziel ist nicht, eine gesellschaftliche Stellung zu erlangen, beispielsweise vom Krieger zum Burgherrn aufzusteigen, zu heiraten oder in die Generativität einzutreten. Symbolischer Ausgang des Spiels ist demnach nicht der Eintritt des Jugendlichen in die Gesellschaft. Der Übergang ins Stadium des Erwachsenen ist im Spiel nicht vorgesehen, er mündet vielmehr in einer Sackgasse. Wenn eine Spielerfigur eine Position im gesellschaftlichen Gefüge einnimmt, ist sie in der Handlung nicht mehr einsetzbar und wird nicht mehr gespielt. Das heißt, für das erwachsene (Arbeits-)Leben existiert hier kein Narrativ. Es wird als langweilig und reizlos inszeniert. Das aufregende Leben sind die spannenden Abenteuer draußen in der Welt im Verbund der Gruppe.

Was bedeutet es, dass der Eintritt ins Erwachsenenleben ausgeschlossen wird, Autoritäten zwar aus ihren Positionen vertrieben werden, es aber zu keiner Positionsübernahme kommt? Ist das als Verweigerung der Erwachsenenrolle zu verstehen? Manifest mag sich darin ein unter Jugendlichen verbreitetes Bild des Erwachsenenlebens spiegeln, verbunden mit dem altersspezifischen Drang, sich auszuprobieren, ohne sich festzulegen. Doch welchen Sinn das Spiel hier generiert, wird mittels des szenischen Verstehens des Narrativzyklus verständlich. Das Narrativ wurde mit seinem Höhepunkt und Endpunkt als jugendlicher Ablösungskampf von den Eltern im Schutz der Gleichaltrigengruppe gedeutet. Wenn das Spiel danach wieder von vorn anfängt, heißt das, dass das Ringen mit den elterlichen Autoritäten im Autonomieprozess von vorn beginnt. Wer im Rollenspiel hingegen eine gesellschaftliche Position einnimmt, scheidet aus der Abenteurergruppe aus. Das bedeutet, er ist nicht länger Teil der Gleichaltrigengruppe, der adoleszenten Clique, die in Auseinandersetzung mit den elterlichen Autoritäten steht. Damit ist das Spiel zu Ende – denn „der Kampf um Selbständigkeit“[127] ist beendet. Fantasy-Rollenspiele werden dann unattraktiv, wenn der Ablösungsprozess vollzogen ist und der Eintritt ins Erwachsenendasein innerlich vollzogen wurde.[128]

Fazit: Das Phantasieangebot von Fantasy-Rollenspielen bietet Jugendlichen eine Bühne, um den adoleszenten Ablösungskonflikt von den Eltern zu inszenieren. Sie sind jedoch nicht der Ort, wo dieser gelöst wird. Im Als-Ob des Spiels wird ein geschützter (innerer) Raum hergestellt, in dem Jugendliche, getragen durch die Gleichaltrigengruppe, ihr altersspezifisches Thema der Verselbständigung inszenieren und immer wieder durchspielen können. Die Inszenierung kann so oft wiederholt werden, bis das Entwicklungsthema in der Realität abgeschlossen ist. Darin liegt die Bedeutung der fiktiven Erzählung. Eine neue Identität als Erwachsener wird nicht entworfen; sie ist ausgeschlossen. Was leistet die Inszenierung stattdessen? Mit Bettelheim[129] geantwortet, besteht der Gewinn eines solchen Imaginationsspiels darin, die inneren Phantasien zu verorten und ertragreich zu machen. Das Spiel transportiert eine wichtige Botschaft entsprechend der Entwicklungsstufe – die Botschaft, dass die Selbstbehauptung erfolgreich verläuft und die Ablösung von den Eltern gelingt. Es fördert damit die Entfaltung des Ichs. Zudem werden innere Spannungen (Unzulänglichkeitsgefühl, aggressive Trennungsimpulse etc.) gelöst. Indem über die Elemente aus den Geschichten phantasiert wird, kann sich mit dem ansonsten unbewussten Thema auseinandergesetzt werden. Durch die Geschichten werden neue Dimensionen eröffnet und Bilder angeboten, nach denen Tagträume ausgebildet werden. Vor allem aber hilft das Bearbeiten unbewusster Gehalte in der Phantasie dabei, die Gefahr zu verringern, sich selbst Schaden zuzufügen. Denn wenn das Unbewusste zwanghaft unterdrückt werde, so Bettelheim, könne es das Bewusstsein mit seinen Derivaten überschwemmen oder zur zwanghaften Unterdrückung derselben nötigen.[130]

---

127 Helfferich 1994, S. 70.

128 Obgleich es gruppenspezifisch sein kann, dass es zu Inszenierungen kommt, die das Erwachsenendasein mitthematisieren.

129 Vgl. Bettelheim 1999.

130 Vgl. Bettelheim 1999, S. 13.

Von Lorenzer wissen wir, dass die wichtige Aufgabe von Gruppen die Vergesellschaftung subjektiver halbbewusster Erfahrungen ist. Die Adoleszenz erfordert den Abschied von der Kindheit. Dafür wird das Familiensystem aufgesprengt. Die Kritik daran entspringt der Identifikation mit neuen Welten, die in der Distanz auf die Familie blicken. Es werden andere als die familiären Lebensentwürfe gesucht und ausprobiert. Das Fantasy-Rollenspiel eröffnet einen Raum jenseits des Familiensystems, in dem Jugendliche in der Fiktion neue Welten erschaffen und mit Normen und Werten spielen. Es bildet ein Forum zur Symbolisierung altersspezifischer Erfahrungen und zur Distanzierung von den Eltern in der Gruppe. Damit ermöglicht das Spiel die aktive Verfügung über das passive Lebensgeschehen des Erwachsenwerdens. Es findet eine symbolische Auseinandersetzung mit der Erwachsenenwelt und der eigenen Identitätsfindung im halb-öffentlichen Raum der Gleichaltrigengruppe statt.

Als Schlussfolgerung ergibt sich, dass das Fantasy-Rollenspiel ein adoleszentes Erzählspiel um den Ablösungskonflikt von den Eltern darstellt. Die Aufführung der alterspezifischen Konfliktthematik in der Gleichaltrigengruppe hat den Effekt einer Selbstvergewisserung. Sie sorgt im Idealfall für eine Stabilisierung des jugendlichen Identitätsgefühls im Prozess des Erwachsenwerdens. Aufgrund der Komplexität des Spiels und seines offenen Charakters eröffnet es den Spielern jedoch vielfache Möglichkeiten der Narrativgestaltung, die in Bedeutung und Wirkung variieren.

Die Phantasieentwürfe von Spielern – Spielfiguren als phantasierte Identitäten

Nach der Deutung des Bildangebots und des Spielnarrativs möchte ich den Bogen zu den Spielern und ihren konkreten Phantasien schlagen. Im Folgenden soll betrachtet werden, welche Entwürfe einzelne Spieler in ihren Rollen ausleben und was das Faszinierende daran ist. Als Grundlage dienen narrative Interviews mit neun Fantasy-Rollenspielern und -spielerinnen zwischen 20 und 30 Jahren. Die Interviews wurden von der Verfasserin im Sommer 2002 im Raum Mittelhessen durchgeführt. Bevor auf verschiedene Spielfiguren aus den Interviews eingegangen wird, noch einige Anmerkungen zum Entwurf der Spielfigur. Die zentrale Aufgabe der Spieler ist es, sich eine Rolle zu entwerfen, die sie im Spiel möglichst überzeugend verkörpern. Im Spielerjargon heißt sie „Charakter“[131]. Bereits die Bezeichnung macht deutlich, dass es sich um eine phantasierte, alternative Identität bzw. zweite Persönlichkeit des Spielers, ein Alter Ego handelt. Jedes Fantasy-Rollenspiel hat eigene Vorgaben, welche Typen von Figuren gespielt werden können und wie ihre Eigenschaften ermittelt werden. Die Figuren verändern sich bei längerem Spiel, indem sie Fähigkeiten, materielle Güter und Ausstattung hinzugewinnen. So wie ein Mensch mit der Zeit an Lebenserfahrung und Befähigungen hinzu gewinnt, erlangen die Figuren in ihrem fiktiven Leben mehr Wissen und Können. Die Figur kann so lange in verschiedenen Handlungssträngen oder unterschiedlichen Spielgruppen verwendet werden, bis sie im Spiel stirbt oder der Spieler keine Lust mehr hat, sie zu spielen.

Bei der Ausübung der Rolle wird eine Trennung zwischen der Alltagspersönlichkeit und der Rolle angestrebt, zumal beide nicht identisch sind (oder zumindest nicht sein sollen). Das bedeutet für die Spieler auch, innerhalb des Spiels Gefühlsausbrüche und Kommentare über das Geschehen - also eine Metakommunikation - zu vermeiden, da es die Vertiefung in die imaginäre Welt stört.[132] Es ist wichtig, dass Spieler in der Lage sind, sich die fiktive Welt so gut wie möglich vorzustellen und sich auf die Phantasie einzulassen. Die Identifikation mit der eigenen Rolle ist dabei von zentraler Bedeutung. Sie wird auf verschiedene Weise befördert. Dazu gehört die Freiheit bei ihrer Gestaltung, die Spiegelung in der Rolle durch die Gruppenmitglieder und die lebensbedrohliche Situation im Spiel.

Motivisch lässt die Existenz von *Fabelwesen als Spielfiguren* und *magischen Fähigkeiten* vermuten, dass es um Themen der Spaltung,

---

[131] Nicht zu verwechseln mit der umgangssprachlichen oder psychologischen Bedeutung von „Charakter“ im Sinne von „wesentliche Eigenschaft“ oder „ethische Wesenszüge“ einer Person (vgl. Kluge 1999, S. 152.).

[132] P. Kathe bezeichnet dies in Anlehnung an Ballstaedt als „affektive Disziplin“. Vgl. Kathe, P. 1987, S. 13 – http://www.rpgstudies.net/252/ quellen/kathe vom 24.04.2005

um Ich-Ideale und Größenphantasien geht. Das Übernatürliche wird zur Projektionsfläche. Ohne das an dieser Stelle erschöpfend ausführen zu können, weist beispielsweise die Betrachtung des Gegensatzpaares Elben & Orks eine eindeutige Spaltung auf. Die Elben repräsentieren ´das Reine, Gute´, Ewig-Schöne, Transzendent-Entkörperlichte, während die Orks für das Triebhaft-Animalische, Egoistisch-Gierige, Aggressiv-Fordernde und das Körperliche stehen. Die phantastischen Rassen erlauben somit, ausgegrenzten Anteilen in der Maske „des anderen" Raum zu geben. In der Fantasy geschieht das strukturell durch Abspaltung der ´bösen´ Anteile und ihrer Projektion auf andere. Dabei handelt es sich um ein unintegriertes Nebeneinander positiv und negativ bewerteter Selbstanteile. Die Existenz des Übernatürlichen als Eigenschaft der Spielfigur kann weiterhin als Symbolisierung der Individualität und als Wunsch nach Einzigartigkeit in Abgrenzung zu Anderen gedeutet werden. Es drückt das Bedürfnis aus, nicht nur ein normaler Mensch in der Masse zu sein, sondern jemand Besonderes. Es ermöglicht die Schaffung und Identifizierung mit einem Ich-Ideal. Damit knüpft das Spiel an adoleszente Tagträume und Grandiositätsphantasien an. Diese können sich im Gruppenspiel jedoch nicht so frei entfalten wie im einsamen Phantasieren. Innerhalb der Spielinszenierung steht der Grandiosität entgegen, dass es nicht einen allmächtigen Helden gibt, sondern eine Gruppe gleichrangiger Heldenfiguren. Nur gemeinsam ist es ihnen möglich, die Herausforderungen im Spiel zu bewältigen. In der Spielstruktur wird die Ausbreitung von Allmachtsphantasien durch die Würfelproben verhindert. Sie durchkreuzen eine Grandiositätsinszenierung, indem sie für Unberechenbarkeit und Scheitern im Spielverlauf sorgen. Zudem übernimmt der Spielleiter mit seinen Aufgaben als Schiedsrichter, Regisseur und Autor eine begrenzende Funktion.

Zusammengefasst bedeutet das, dass die Spielinszenierung die Selbstübersteigerung im Heldentum auf einen Auserwähltenstatus beschränkt - inhaltlich durch die Einbindung in eine Heldengruppe, spieltechnisch durch die Regeln und die Rolle des Spielleiters. Darin unterscheidet sich das Rollenspiel maßgeblich von einer medialen Inszenierung Für den Spieler bedeutet das, dass er sich nicht als autark und allmächtig erleben kann. Durch innovative Ideen und außergewöhnliche Würfelergebnisse kann er Momente von Grandiosität im Spielverlauf erleben, mehr jedoch nicht. Zentral für das Spielerlebnis ist demnach nicht die Grandiositätserfahrung. Vielmehr steht das gemeinsame Gruppenspiel im Vordergrund. Vorausgreifend kann man sagen, die Verkörperung der Figur in der gewählten Bilderwelt und dem gemeinsamen Gruppenspiel stellt für die Spieler das *zentrale Faszinationsmoment* dar.

1. Individuelle Rollen - unbewusste Inszenierungen

Eine 21-jährige Spielerin[133] sagt über das Faszinierende am Fantasy-Rollenspiel:

„Rollenspiel ist einfach eine schöne Möglichkeit, sich in was anderes hineinzuversetzen und sich vorzustellen, jemand anderes zu sein, was man dann tun würde. Ich meine, in Wirklichkeit würde ich bestimmt niemals ein Auftragskiller sein wollen und in irgendwelche Konzerne einbrechen oder einen Elfen spielen, der die ganze Zeit nur im Wald gelebt hat. Aber es ist einfach für diesen Abend, für diese Zeit, die man es macht, [...] eine schöne Abwechslung, mal was anderes zu tun. Mal ‚jemand anderes zu sein' in Anführungszeichen."[134]

In dem Zitat kommt zum Ausdruck, dass der Perspektivwechsel beim Spielen der Rolle als lustvoll erlebt wird. Das Hineinversetzen in eine vom Alltag unterschiedene Haltung zu sich und anderen, die andersgeartete Beziehung zur Welt, wird als Gewinn erlebt. Man denkt an das Moment des Probehandelns, wie es Jakob L. Moreno für das Rollenspiel im Psychodrama nutzbar gemacht hat.[135] Indem man sich in unterschiedliche Rollen hineinversetzt, können unterschiedliche Handlungsoptionen durchgespielt werden, was Moreno als therapeutische Übung zur Verhaltensänderung seiner

---

[133] Zur Zeit des Interviews studiert sie Psychologie in Marburg. Fantasy- Rollenspiele spielt sie, seit sie 13 Jahre alt ist. Sie ist in verschiedenen Spielgruppen aktiv und spielt in verschiedenen Spielwelten, namentlich: Shadowrun – ein Cyber-Punk-Rollenspiel und Das schwarze Auge – ein klassisches Fantasy-Rollenspiel in Tolkien-Tradition. Zur Interpretation der beiden Spielwelten und ihrer Bewertung im Interview: siehe Kahl 2007.

[134] Kahl 2003, Interviewtranskript 2, S. 5.

[135] Moreno 1959.

Patienten einsetzte. Im Fantasy-Rollenspiel zeigt es sich ungelenkt und selbstreferentiell in der Freude am Ausprobieren der eigenen Handlungsspielräume, wie die Spielerin es auch erlebt. Die konkreten Figuren, in die sie sich hineinversetzt, sind zum einen ein *Auftragskiller*[136] und zum anderen *„ein Elf, der die ganze Zeit nur im Wald gelebt hat"*[137]. Die erste Rolle ist die eines gedungenen Mörders. Sie versinnbildlicht den Typus eines Einzelgängers und gesellschaftlichen Außenseiters, der den Tod zu seinem Beruf gemacht hat. Dadurch hat er Macht und Kontrolle über andere Menschen, ist aber zugleich ein Delegierter, der die Forderungen seiner Auftraggeber erfüllen muss. Als Typus repräsentiert der Killer einen von seinen Gefühlen distanzierten und seinem Selbst entfremdeten Menschen, der wie ein Automat funktioniert und kein Ich besitzt, dabei jedoch eine gewisse Omnipotenz sein eigen nennt, indem er Macht über Leben und Tod besitzt.

Der Elf im Wald hingegen erweckt den Eindruck eines naturverbundenen Einsiedlers, ein übernatürliches Wesen, das fern der Zivilisation lebt und mit sich und der Natur im Einklang existiert. Für diesen Seelenfrieden bezahlt er den Preis der Einsamkeit und nimmt am kulturellen Fortschritt und Wandel nicht Teil. Insofern ist er ewig und zeitlos zugleich, unhistorisch wie die Natur[138].

In dem einen Fall ist die Spielerin ein selbstentfremdeter, aber machtvoller Rationalist, der zwar viel Einfluss ausüben kann, aber nicht frei ist. Er hat keinen Kontakt zu sich und seinen Gefühlen und ist in gewissem Sinne ein Automat. Im anderen Fall ist sie mit sich und der Umgebung im Einklang, aber einsam und allein, ohne

---

136 Das Motiv des Konzerneinbruchs ist durch die Bilderwelt des Spiels bedingt. Bei dem Spiel handelt es sich um Shadowrun. Dieses Fantasy-Rollenspiel bietet eine Zukunftswelt im Cyber-Punk-Stil, in der riesige Wirtschaftskonzerne die Welt beherrschen. Die Spieler starten darin als eine Gruppe von im Untergrund operierenden Söldnern, die am Randbereich der Gesellschaft Aufträge entgegen nehmen. Bei den Aufträgen geht es zumeist um Einbrüche in einen Großkonzern, die den Diebstahl oder die Zerstörung von Daten und Informationen zum Ziel haben. Ausführliche Darstellung: Kahl 2007.

137 Kahl 2003, Interviewtranskript 2, S. 5.

138 Zumindest wird die Natur seit der Moderne und ihrer Entmystifizierung der Welt in der Weise charakterisiert, vgl. Merchant 1987.

soziale Kontakte und Bezug zur Gesellschaft. Beide Positionen sind interessant, aber auf Dauer unbefriedigend in ihrer Einseitigkeit.

Die Einseitigkeit scheint in ihrem Lieblingscharakter aufgehoben. In dieser Figur wird eine dritte Art der Weltbezogenheit und des Kontakts mit sich und anderen deutlich. Bei der Rolle handelt es sich um eine Frau, die ursprünglich eine einfache Raubkatze gewesen ist, aber aufgrund magischer Einwirkungen die Fähigkeit erlangt hat, sich in einen Menschen zu verwandeln. Diese Gestaltwandlerin tritt meist in menschlicher Form auf, kann sich jedoch in die Raubkatze zurückverwandeln. Aufgrund ihres an sich tierhaften Wesens kennt sie sich wenig mit menschlichen Gepflogenheiten aus. Jetzt bewegt sie sich in der menschlichen Gemeinschaft und muss ihre wahre Identität geheim halten.

„Die Gestaltwandler kommen in dieser Welt kurz nach den Untoten und den Ghulen. Sie werden von allen Bevölkerungsschichten als sehr merkwürdig betrachtet und (sind) eigentlich ausgestoßen. Und sie sind vogelfrei letztendlich. Also wenn Autoritäten erfahren, dass du ein Gestaltwandler bist, dann bist du eigentlich auch sofort tot."[139]

Die Gestaltwandler als Gruppierung gelten in der zugehörigen Spielwelt nicht viel. Sie sind Ausgestoßene, was sie mit anderen Rassen wie Untoten und Ghulen gemeinsam haben. Darüber hinaus gelten sie als „vogelfrei". Sollte bekannt werden, dass man ein Gestaltwandler ist, werden die Vertreter der gesellschaftlichen Ordnung oder andere Machtinhaber einen töten. Darum darf sich die Figur in der Welt nicht offen zeigen, sondern muss ihre Identität verbergen. Dies ist umso schwieriger, als die Figur die sozialen Umgangsformen nur rudimentär beherrscht und sich dementsprechend in manchen Situationen unangemessen verhält. Da auch die Mitspieler ihre wahre Natur nicht kennen dürfen, ist es ein gefährliches Versteckspiel, bei dem die Figur ständig bedroht ist, enttarnt zu werden. Gerade diese Gradwanderung in Verbindung mit den amüsanten Situationen, die sich aus der ´unmenschlichen´ Art der Figur ergeben, macht den Spielspaß aus.[140]

---

139 Kahl 2003, Interviewtranskript 2, S. 11.

140 „Dann halt einfach die Leute einfach merken zu lassen, dass sie halt schon ein bisschen merkwürdig ist, aber ohne dass sie halt wissen dürfen, was das

Das Beispiel macht deutlich, wie das Konzept und die Vorgaben der Spielwelt - die gesellschaftliche Position der „Gestaltwandler“, der Einfluss der gesellschaftlichen Autoritäten - den Rahmen für die individuelle Rolle bilden. Der spezielle Reiz der Figur für die Spielerin besteht darin, ständig von der Entdeckung und ihren Folgen (der Todesstrafe) bedroht zu sein und darum unerkannt bleiben zu müssen, zugleich jedoch in Kontakt mit anderen Menschen zu stehen und damit zu rechnen, dass das eigene seltsame Verhalten erkennen lässt, wer man eigentlich ist. Während der *Elf* ganz bei sich, aber allein ist und der Auftragskiller distanziert von sich als emotionsloser Automat agiert, stellt die Gestaltwandlerin eine Mischung und zugleich Erweiterung dieser beiden Positionen dar. Sie ist als Raubkatze mit der Natur verbunden und zugleich mit anderen Menschen zusammen. In diesem Kontakt ist sie grundsätzlich sie selbst und frei. Darin besteht der Bezug zu den beiden vorherigen Positionen. Deren Erweiterung und somit das Neue an dieser Rolle ist, dass sie Teile von sich geheim halten muss. Ein Bereich ihrer selbst darf nicht preisgegeben werden, denn sonst ist sie vom Tode bedroht.

Daraus lässt sich schließen, dass es in der dritten Rolle um die Inszenierung der Dynamik Aufdecken – Entdecken - Vernichten geht. Das Thema der gesellschaftlichen Vernichtung bei Veröffentlichung geheimer, makelbehafteter, unerlaubter Persönlichkeitsanteile scheint der Figur zugrunde zu liegen. Das weist auf das Thema der Scham als Inszenierungsmotiv hin. Ob dies mit Blick auf die Spielerin das Zentrale an den Rollen ist, lässt sich aus dem Interviewmaterial nicht klären. Doch interessiert an dieser Stelle auch nicht der (psychologische) Blick auf die Spielerin. Worauf die drei Figuren hinweisen, ist, dass in den gespielten Rollen verschiedene Weltbezüge und innere Haltungen in Szene gesetzt werden können, die mit inneren Themen der Spielenden im Zusammenhang stehen.

Mit Alfred Lorenzers Symbolbildungstheorie lässt sich dieser Zusammenhang theoretisch fassen. Die Einnahme verschiedener innerer Haltungen, das Einfühlen in eine selbstgeschaffene andere Posi-

genau ist. [...] Also es macht viel Spaß, sie zu spielen.“ Kahl 2003, Interviewtranskript 2, S. 11.

tion beim Spielen einer Rolle, bedeutet die Ausgestaltung einer Phantasie. Phantasien sind nach Lorenzer *sinnlich-symbolische Interaktionsformen*, was bedeutet, dass in ihnen zwei Szenen konkreter Lebenspraxis miteinander verbunden werden.[141] Dabei kann es sich sowohl um bewusste, wie auch unbewusste Lebensentwürfe handeln. Indem man eine fiktive Rolle spielt, die in einer vom Alltag des Spielenden differierenden Beziehung zur Welt steht, d. h. eine andersartige Sichtweise und (Lebens-) Einstellung vertreten darf, eröffnet sich dem Spielenden ein gedanklicher Freiraum, der die Symbolisierung auch unbewusster Szenen ermöglicht. Sie knüpfen sich an die bewussten Vorstellungen an und werden in ihnen mittransportiert.[142] Der Spieler erhält damit die Chance, mit der Rolle ungelebte und unausgedrückte Lebensvorstellungen, Verhaltensweisen und Handlungsimpulse im Spielgeschehen umzusetzen. Da die unbewussten Lebensentwürfe nicht offen benannt werden dürfen, werden sie verzerrt und unkenntlich gemacht, so dass sie im Entwurf der Figur in verschleierter Form vorliegen. Somit kann es in der Verkörperung einer erdachten Person zum Ausdruck verzerrter, weil nach wie vor abgewehrter, unbewusster Lebensentwürfe kommen.

Die vorgestellten Inszenierungen scheinen dies auf den ersten Blick nicht zu bestätigen. Bei genauerem Hinsehen treten jedoch abgelehnte, tabuierte Aspekte in Erscheinung, die auf verzerrte unbewusste Anteile hinweisen. So stellt zum Beispiel die Figur des Auftragskillers ein irritierendes Bild dar. Es rangiert an der Grenze des kulturell Erlaubten und fungiert darum möglicherweise als Träger unbewusster Wünsche, die sich darin in verschlüsselter Form ausdrücken. Genaueres bleibt undeutbar, da auf diese Figur im Interview nicht näher eingegangen wird. Auf die Gestaltgebung abgewehrter Inhalte verweist auch die folgende Textpassage:

„Also ich kann noch nicht mal sagen, dass es, wenn mehr Männer spielen, irgendwie gewalttätiger ist. Also gar nicht. Frauen stochern da genauso in den Leichen rum. Das ist, in dem Fall ist das ja egal. Ist ja alles nur Phantasie".[143]

---

[141] Vgl. Lorenzer 1988.

[142] Vgl. Lorenzer 1988.

[143] Kahl 2003, Interviewtranskript 2, S. 14.

Thematisch geht es um die Frage nach dem unterschiedlichen Spielverhalten von Männern und Frauen. Männer verhalten sich nach ihrer Erfahrung nicht gewalttätiger im Spiel als Frauen. Frauen führen beim Spielen ebenso verwerfliche und verbotene Handlungen aus, wie das In-Leichen-Herumstochern andeutet. Ihre Aussage „das ist in dem Fall egal" kann bedeuten, dass das Geschlecht im Spiel bzw. in solchen Spielsituationen, bei denen es um verbotene oder gewalttätige Verhaltensweisen geht, nicht ausschlaggebend ist. Es lässt sich vermuten, dass Frauen und Männer sich entweder gleich verhalten oder die Geschlechtszugehörigkeit nicht das bestimmende Kriterium des Spielverhaltens ist. Neben dem manifesten Thema geschlechtsspezifischen Spielverhaltens wird zugleich angesprochen, dass selbst Spielhandlungen wie In-Leichen-herumstochern harmlos sind, denn alle Aktionen sind nicht real sondern „nur Phantasie". Daran lässt sich zweierlei ablesen: Zum einen sind die Handlungsweisen im Spiel vom Alltag und der eigenen Person getrennt. Diese Trennung bedeutet, dass die Handlungen nicht als Teil des Selbst angenommen werden müssen und somit unintegriert bleiben. Zum anderen ermöglicht eben diese Trennung und Verharmlosung den ungehemmteren Ausdruck unbewusster Bedürfnisse. Es wird ein Beispiel für ein solch enthemmtes Verhalten mit dem Bild ‚in-Leichen-herumstochern' gegeben. Wörtlich genommen, weist es auf Gewalt im Spiel hin, denn die Leichen müssen irgendwo herkommen, doch man erfährt darüber nichts. Als Motiv eröffnet das Bild das Thema des „Körperinneren und seiner Funktionsweisen". Damit verweist es auf die Kindheit. Im Kindesalter entsteht phasenweise ein starkes Interesse an inneren und äußeren Körperprozessen. Diese Neugier wird früher oder später einem elterlichen Verbot unterzogen. Erwachsenen ist dieses Verhalten lediglich im Rahmen kulturell anerkannter und gesellschaftlich legitimierter Formen gestattet, was mit bestimmten Rollen einhergeht. Pathologen, Ärzte, Medizinstudenten, Kriminalisten und ähnliche Berufsgruppen haben eine solche Rolle inne. Ohne eine derartige Berechtigung wird die Handlungsweise vom allgemeinen Normensystem abgelehnt. Wenn eine solche Handlung im Spiel ohne Ächtung ausgeführt werden kann, heißt das, die fiktive Gesellschaft der Spielwelt bzw. die Figuren der Spieler ignorieren das alltägliche

Wertesystem, um die Möglichkeit zu erhalten, einem ansonsten unterdrückten, verbotenen (ehemals kindlichen) Bedürfnis nachzugehen. In diesem Sinne bedeutet das In-Leichen-herumstochern die Ausführung eines ansonsten in unserer Kultur tabuierten Wunsches nach der Beschäftigung mit körperinneren Prozessen.[144]

Allgemeiner gefasst, steht dieses Bild dafür, sich mit Sachen zu beschäftigen, die einen nichts angehen dürfen oder sollen und mit denen man im realen Alltag nicht in Kontakt kommt. Es geht um die Ausübung von Handlungen, die ansonsten dem gesellschaftlichen Verbot unterliegen und sowohl ausgegrenzt, als auch tabuisiert sind. Derart gelesen, besteht ein Teil der Phantasien, die Männer wie Frauen in Fantasy-Rollenspielen ausleben können, aus unbewussten Wünschen und Persönlichkeitsanteilen, die dem gesellschaftlichen Wertesystem des Alltags entgegenstehen. Im Rahmen des Spiels, hinter der Maske einer anderen Rolle und unter dem Deckmantel einer fiktiven Gesellschaft, können die unbewussten Phantasien in verschlüsselter Form Gestalt annehmen. Es wird deutlich, dass im Fantasy-Rollenspiel unbewusste Lebensentwürfe - wie die oben aufgezeigten Wünsche nach der Erforschung der Körpergeheimnisse - mit in Szene gesetzt werden können. Im folgenden Phantasieentwurf eines Spielers wird dies noch deutlicher.

---

144 Möglicherweise besteht hier ein Zusammenhang mit der wachsenden Verbreitung und Beliebtheit von Fernsehserien über (Gerichts-) MedizinerInnen, PathologInnen und KriminalistInnen, deren Arbeit dem Zuschauenden in expliziten Bildern Einblicke in das Körperinnere gewährt.

2. Die Macht des inneren Entwurfs und die Kontrolle der Gruppe

Zitiert wird ein 22-jähriger Spieler[145], der über das Faszinierende am Fantasy-Rollenspiel sagt:

„Da kann man ja alles, wirklich alles, was man mal sein wollte, kann man da rauslassen. Ob absolut Hardcore-Priester-Inquisitor bis zu irgend`nem Gaukler oder so was und Diebe, Lügner, Scharlatane, meine bevorzugte Gruppe."[146]

Im Fantasy-Rollenspiel kann man grundsätzlich alle Rollen ausüben, die man darstellen möchte. Dass man sich in alles verwandeln kann, stellt einen besonderen Reiz für den Spieler dar. Dabei bevorzugt er anrüchige Rollen, die gesellschaftlich sanktionierte oder abgewertete Verhaltensweisen und Tätigkeiten ausüben wie Lügen, Stehlen und Betrügen. Das kann ein Hinweis darauf sein, dass in der Inszenierung tabuierte, unbewusste Lebensentwürfe mitschwingen, wie sie sich schon in der Rolle des Auftragskillers angedeutet haben. Ein konkretes Figurenbeispiel, dass diese Annahme bestätigt, ist die nachfolgende Beschreibung. Sie zeigt anschaulich, was er im Spiel „rauslassen" kann. In dem Zitat geht es um seine Rolle eines Vampirs innerhalb einer Vampirgesellschaft:

„In unserer Domäne gab es mal eine Zeit lang ein ganz großes Problem, dass wir Kuschel-‚Vampire' [‚Vampire' Abk. für das Fantasy-Rollenspiel ‚Vampire: The Masquerade', R. K.] gespielt haben: Wir treffen unsere Freunde, wir spielen nur mit den Freunden, die wir draußen haben. Und wir sind nicht mehr gefährlich. Eigentlich sind wir alle ganz nett und tun einer Fliege nichts mehr zuleide. Zu dieser Zeit habe ich einen Charakter gespielt. Einen Sadisten, der halt leidenschaftlich gerne Kinder gequält hat und sich da drüber auch ernährt hat. [...] Ich wurde deswegen verurteilt, was ich dann hinterher angeklagt habe, da dass eigentlich in vampirischen Kreisen überhaupt gar kein Problem ist. Ja weil sorry, Vampire trinken Blut und töten Leute so (schnipst) mit Fingerschnip und da gibt es halt kaum noch Moral. Moral ist was echt Seltenes

---

145 Zur Zeit des Interviews studiert er Theologie in Marburg. Fantasy-Rollenspiele (Pen & Paper) spielt er, seit er 14 Jahre alt ist. Er ist in zwei Spielgruppen aktiv und spielt mit ihnen in verschiedenen Spielwelten. Seine Vorliebe gilt dem Live-Rollenspiel, das er mindestens ein Mal im Monat in der Horror-Szenerie des Rollenspiels Vampire – Die Maskerade spielt.

146 Kahl 2003, Interviewtranskript 1, S. 4.

geworden, gerade unter älteren Vampiren. Und das hat sich Gott sei Dank wieder gelegt - der Charakter darf weiter seine Kinder quälen (lacht). Ich habe ihn Gott sei Dank ad acta gelegt, weil er mir da einfach keinen Spaß gemacht hat. Also hinterher nicht mehr wirklich so, weil er halt ein bisschen flach war. "Ich bin groß, ich bin böse, ich bin der Meister der Verdammnis, huahuahua" - bringt nichts, ne. Irgendwann war er einfach ausgespielt. Nach zwei Treffen, mmh (lacht). [...] Er war halt zu flach und da konnte ich einfach keine Tiefe reinbringen. Ich weiß nicht. Da sich halt auf dem ersten Treffen keiner mit mir unterhalten hat, weil ich doch halt der große böse Kinderquäler war, [...] habe ich mit mir selbst geredet und alle anderen missfällig angeguckt. Na ja egal. Mmh, den habe ich ad acta gelegt".[147]

Die Beschreibung der Spielfigur und seiner Verkörperung kann als Beispiel für die Gestaltgebung unbewusster, verzerrter Inhalte angeführt werden. Zugleich macht es die regulierende Funktion der Gruppe in der Phantasiegebung deutlich. Auf beide Aspekte möchte ich näher eingehen.

Die provokative Selbstinszenierung in der Rolle - Was bringt die Figur zum Ausdruck? Manifest scheint der Spieler gern in Opposition zu den herrschenden Regeln und Konventionen zu treten, wie bereits an seinen bevorzugten Figurentypen des Eingangszitats zu sehen ist. Er hat Vergnügen an der Provokation seiner Mitspieler und möchte in der Rolle einen Gegenpol zu ihrer harmlosen Sichtweise der Vampirwelt bilden. Dennoch bleibt offen, was ihn zu eben diesem Rollenentwurf geführt hat. Betrachten wir die Figur genauer. Der gespielte Vampir ist ein Sadist, der seine Nahrung (Blut) über das Quälen von Kindern bezieht. „Gott sei Dank" wurde er zu den Akten gelegt. Als Begründung wird angeführt, dass man in die Rolle „keine Tiefe reinbringen" kann und er darum nach einer Weile keinen Spaß mehr macht. Zudem hat sich keine der anderen Figuren mit ihm unterhalten, weil er nicht ihren moralischen Vorstellungen entspricht, sprich „der Böse" ist.

Mit dieser Rolle wird ein gesellschaftlich ausgegrenzter, unmoralischer Themenkomplex - Kinder misshandeln, Menschen aus Lust Schmerzen zufügen und sich von ihrer Energie ernähren - inszeniert, der auch in der Spielergruppe abgelehnt wird. Die anderen

[147] Kahl 2003, Interviewtranskript 1, S. 19f.

haben nicht mitgespielt. Aus Mangel an Spiegelung und Interaktion und weil er sich, so kann man schließen, nicht tiefer auf die Phantasie und ihre unbewussten Anteile einlassen möchte, bleibt die Erfahrung „flach“ und macht ihm letztlich keinen Spaß. Aus der Erleichterung, mit der die Rolle aufgegeben wird, lässt sich schlussfolgern, dass bereits der grobe Entwurf und die kurzzeitige Verkörperung der Rolle Unbehagen ausgelöst hat. Ich führe das Unbehagen auf Angst zurück, Angst, dass der unbewusste Impuls der Rolle Gestalt annimmt und dann mit deutlichem Handlungsappell ausgestattet ist und zur Umsetzung drängt, ohne integriert werden zu können. Die Befürchtung könnte dahin gehen, dass die Inszenierung nicht mehr kontrollierbar ist. Der starke Drang unbewusster Inhalte, reinszeniert zu werden sowie der immanente Wunsch, ungelebte (bewusste und unbewusste) Anteile der eigenen Persönlichkeit auszuleben, wie es die Psychoanalyse verdeutlicht,[148] kann einen Sog entwickeln. Aus dem Kontext des Interviews wird deutlich, dass der Spieler die Befürchtung hat, seine Spielleidenschaft könne zur Sucht werden.[149] Die Faszination und die starke innere Beteiligung beim Ausleben der Phantasien können den Sog der unbewussten Wünsche verstärken. So kann ein Gefühl der Abhängigkeit von dem Spielerlebnis entstehen. Diese Gefahr verspürt der Spieler und mag darum die Rolle emotional ungefüllt lassen, so dass sie „flach“ bleibt und sich einfach aufgeben lässt. Aus psychoanalytischer Perspektive verweist der Ausdruck „flach“ als Synonym für emotional leer, auf seine Zeichenhaftigkeit. Im Lorenzerschen Sinn ist ein Zeichen ein ehemaliges Symbol, dessen emotionale Anteile ins Unbewusste verdrängt wurden, so dass lediglich ein sinnentleertes Zeichen ohne Bezug zum Affekt zurück bleibt.[150]

Wichtig für die Phantasiefigur des sadistischen, Kinderquälenden Blutsaugers zu berücksichtigen, ist, dass ein verdrängter Wunsch stets in entstellter Form inszeniert wird – also verschoben oder gar ins Gegenteil verkehrt ist. Der Spieler ist somit weder als Päderast

---

148 Vgl. Lorenzer 1988.

149 „Es macht Spaß und man soll damit aufhören können. Jederzeit. Ich kann nicht aufhören (lacht). Es ist halt, nennen wir es mal meine Droge.“ Kahl 2003, Interviewtranskript 1, S. 10.

150 Vgl. Lorenzer 1988, S. 113.

noch Sadist miss zu verstehen und auch nicht als jemand, der sich ersehnt, solche Neigungen zu verfolgen. Die Motivation zur Generierung einer solchen Figur speist sich aus einem bewussten wie unbewussten Symbolisierungsprozess und ließe sich nur mittels biographischer Hintergründe, die Aufschluss über die individuellen Bedeutungszuweisungen des Spielers geben, entschlüsseln. So könnte der Entwurf zum Beispiel daraus entstanden sein, dass der Vater Päderasten verabscheut hat und die Rolle gewählt wurde, um sich vom Vater abzugrenzen.

Jenseits solcher Spekulationen bleibt festzuhalten, dass aus dem Präsentierten nicht der Wunsch zu erschließen ist. Um den individuellen Wunsch zu entschlüsseln, würde es einer psychoanalytischen Einzelfalluntersuchung bedürfen. Die Spielgruppe ist mit einer solchen Aufgabe überfordert, da sie wie ein Analytiker funktionieren müsste, stattdessen aber die Funktion eines Moderators und Mitakteurs innehat. Es kann lediglich aufgrund der Irritation der Inszenierung, in der Affektstruktur und Sprache auseinander fallen, auf verbotene Bedeutungsanteile geschlossen werden. Daher macht das Zitat deutlich, dass mit der Rolle ansonsten abgewehrte und verdrängte Lebensentwürfe szenisch dargestellt oder, wie der Spieler es formuliert, ‚rausgelassen' werden können. Im positiven Sinn ermöglichen Fantasy-Rollenspiele damit, dass Verhaltensweisen und Rollenentwürfe getestet werden können, die im Alltag (bislang) keinen Platz haben. Zudem kann man Gefühle oder Einstellungen ausgestalten, die im „realen" Leben nicht zum Ausdruck gebracht werden können. Die Inszenierung verringert damit möglicherweise kurzzeitig den Realisierungsdruck des Verdrängten und hat im Zuge dessen eine entspannende Wirkung.[151] Darüber hinaus braucht der Spieler sich nicht um die Probleme und die Verhaltensanforderungen des Alltags zu kümmern. Dem Drang nach Verwirklichung der verdrängten Verhaltensentwürfe kann, ungestraft vom verinnerlichten Normen- und Wertesystem, nachgegeben werden. Zugleich kann es angstauslösend sein, verbotene und unintegrierte Lebensentwürfe zu inszenieren. Sie wirken bedrohlich in ihrem

---

[151] Dies kann im Zusammenhang mit dem von S. Freud geprägten Begriff der „Triebabfuhr" verstanden werden, vgl. Freud 2000, S. 287 - 444.

starken Drang nach Umsetzung, der durch die Symbolisierung in einer äußeren Gestalt zunimmt. Die Lebensentwürfe können als fremd erlebt werden, da sie dem Verdrängten angehören und somit vom Ich abgespalten sind. Durch ihren Ausdruck kann es zu einem Gefühl der Bedrohung des Selbst kommen, wenn die Inhalte nicht integriert, aber auch nicht mehr ignoriert werden können. Das Selbstkonzept, die Ich-Integrität kann als unsicher erlebt werden. Der Spieler hat dies als Gefühl des ‚Sich-Verlierens' beschrieben.[152]

Das Zusammenspiel der Gruppe als Aushandlung des Erlaubten in der Inszenierung

Betrachten wir die beschriebene Spielsequenz noch einmal mit Blick auf die Gruppendynamik, so ergibt sich das folgende Bild. Im Verlauf der Treffen mit seiner Spielgruppe entwickelt sich eine Spielform und inhaltliche Schwerpunktsetzung, die dem Interviewten nicht zusagt. Seine Mitspieler haben ungefährliche Vampire gespielt, die eine strenge moralisch-ethische Einstellung verfolgen. Das widerspricht der Vorstellung des Interviewten. Für ihn sind Vampire böse, unmoralisch und unmenschlich und leben dies unter

---

152 Er erzählt von einer schaurigen Situation, die in einem seiner Rollenspiel-Abenteuer vorkam. Sie hat sich später mit einer realen Situation vermischt: „Als ich einmal nachts durch M. gewandert bin (lacht), habe ich mich total an eine Szene daraus erinnert. Und da lief es mir wirklich kalt den Rücken herunter, weil kurz danach passierten so einige Dinge" (Was passiert ist, wird nicht gesagt), Kahl 2003, Interviewtranskript 1, S. 27. Anhand einer anderen Spielerin thematisiert er die emotionale Besetzung des Alter Egos als Ausgleich zum unbefriedigenden Alltagsleben. Dieser Mechanismus wird in der sozialpsychologischen Forschung als Third-Person-Effekt (vgl. Davison 1983) bezeichnet: „Es gibt eine Gefährdung beim Rollenspiel, dass man sich da drin verliert. Das passiert meistens bei so Leuten, die mit dem Leben nicht ganz klar kommen. Ich habe da so eine ganz spezielle Freundin. [...] Und die flüchtet dann halt einfach in die Welt, weil es da alles einfacher ist. Man kann Charaktere spielen, die sind stärker, besser, toller, reicher und wenn man im Leben schon nichts ist, dann soll der wenigstens was werden. Und kniet sich dann so dermaßen da rein, dass man da täglich 5, 6 Stunden an diesem Charakter sitzt." Kahl 2003, Interviewtranskript 1, S. 6f.

ihresgleichen aus. Daraufhin spielt er als provokanten Gegenentwurf zur Gruppennorm einen unmoralischen, bösartigen Vampir, den Sadisten und Kinderquäler. Die Anderen reagieren darauf mit der Ausgrenzung der Figur aus der fiktiven Vampirgesellschaft und verurteilen ihn. Gegen diese Bestrafung legt er Widerspruch ein und erhält Recht. Die Figur kann weiter ungestraft ihren Neigungen nachgehen, wird aber dennoch von dem Spieler aufgegeben. In dieser Spielsequenz kommt ein Konflikt zwischen dem Spieler und der Gruppe um die Inszenierungsmöglichkeiten in der Spielwelt und ihren Rollen zum Ausdruck. Der Spieler konfrontiert die Gruppe mit seiner Position, indem er eine extreme Figur verkörpert. Die Anderen reagieren auf die Provokation, indem sie ihn ausgrenzen, müssen jedoch durch die Gegenwehr des Spielers ihre Einstellung überdenken. Schließlich einigen sie sich auf eine gemeinsame Sichtweise.

Der Verlauf und der Ausgang dieser Spielhandlung stellt eine Auseinandersetzung mit abschließender Einigung der Gruppe dar. Der Prozess hat zwei Aspekte. Der erste ist, dass die Sichtweise auf die Spielwelt und die Interpretation der Rollen in der Gruppe verhandelt werden. Im Zuge der Auseinandersetzung wird die Rolle des sadistischen Vampirs als grundsätzlich legitim innerhalb der Spielwelt anerkannt. Andererseits soll ein Kinderquäler nicht im Spiel in Erscheinung treten. Hier werden gegenläufige Ansprüche eingebracht, die nicht wirklich geklärt werden. Fakt ist, dass die Figur von Anfang an aus der Kommunikation und damit dem Gruppenspiel ausgeschlossen wurde und später, trotz der Rehabilitation, vom Spieler nicht weitergeführt wird. So erfolgt eine Einigung bezüglich der Grenze des Unmoralischen, das im Spiel zugelassen und akzeptiert wird. Indem der Phantasieentwurf des sadistischen Kinderquälers ausgegrenzt, verurteilt und letztlich aufgegeben wird, macht die Gruppe deutlich, dass sie derartige Inszenierungen nicht mit trägt. Insofern weist das Zitat darauf hin, dass individuelle Auslegungen des Spielangebots gruppenintern verhandelt werden. Dabei geht es manifest um einen Konsens bezüglich der Vorgaben der Spielwelt und der Vorstellung der Figuren. Latent wird über die legitime Gestaltgebung der (unbewussten) Phantasien verhandelt. Die Gruppe bestimmt, in welchem Ausmaß unbewusste

Lebensentwürfe im Spiel ausgedrückt werden dürfen und wie weit die Inszenierung des Verbotenen gehen darf. Sie fungiert als moralische Kontrollinstanz und zieht eine Grenze gegenüber den Phantasien. Die Art und Weise, in der dies geschieht, verweist auf ein archaisches Gruppen-Über-Ich (Bion), das mittels Verbot und Ausgrenzung agiert.[153] In einer reifen integrierenden Gruppe wäre es möglich, eine Komplementärphantasie zu generieren, die auf das Spielangebot des sadistischen Vampirs reagiert, es einkreist und im besten Fall auflöst. Eine solche Gruppe würde nicht wertend agieren und könnte Abgespaltenes bewusstseinsfähig machen. Im hiesigen Beispiel handelt es sich um eine zensierende Gruppenstrategie. Jenseits der Einschätzung der Spielfigur und der Gruppendynamik lässt sich aus dem Zitat eine weitere Erkenntnis über das Spiel ableiten. Der Interviewte macht deutlich, dass eine Inszenierung, in der nur das Erlaubte im Vordergrund steht und die Gestaltgebung unbewusster Wünsche verkümmert, das Spielen reizlos macht.

Resümee

Damit bin ich am Ende meiner Ausführungen angelangt. Es konnte deutlich gemacht werden, welche Phantasieangebote das Fantasy-Rollenspiel mit der angebotenen Bilderwelt nach Tolkien-Vorbild macht, worin die szenische Bedeutung der Spieldramaturgie besteht und welche Phantasien einzelne Spieler darin ausgestalten. Als Ergebnis lässt sich festhalten: Das Fantasy-Rollenspiel stellt sich als ein *adoleszentes Identitätsspiel im Verselbständigungsprozess* von den Eltern im Kontext *der Gleichaltrigengruppe* dar. Die Bilderwelt der klassischen Fantasy à la *Herr der Ringe* liefert dabei eine mögliche Strategie der Konfliktbewältigung, nämlich die vorübergehende Spaltung der Ambivalenz in getrennte Positionen (die anerkannten und die abgelehnten Teile). Anhand von Interviews zeigt sich, wie Spieler in diesem Spielrahmen individuelle Themen in ihren gewählten Rollen inszenieren. Vor allem wird deutlich, dass eine zentrale Faszination des Spiels darin liegt, unausgelebte und unbewusste Aspekte des Selbst in der Spielfigur mit zu inszenieren.

[153] Vgl. Bion 1971.

Die Gruppe fungiert dabei als Kontrollinstanz, die Lebensentwürfe entweder spiegelt oder bei Übertreten gruppeninterner Normen ablehnt und sanktioniert. Es hängt demnach vom Einzelnen und der Gruppenkonstellation ab, welche Phantasien im Spiel ausgelebt werden können und wo die Grenzziehung gegenüber dem Unbewussten vorgenommen wird. Je nach Gruppe kann diese Grenzziehung sehr weit gehen oder eng sein.

Welche Folgen kann die Inszenierung auch brisanter Lebensentwürfe haben? Das Spielgeschehen beinhaltet keinen unmittelbaren Handlungsappell. Es ist vom Alltag der Handelnden abgekoppelt, so dass eine Übertragung in die Realität im Normalfall[154] nicht vorkommt. Ob das Spielen mit verdrängten Lebensentwürfen die Persönlichkeitsentwicklung des Einzelnen fördert oder hemmt oder es sich gar nicht auswirkt, kann nur am Einzelfall geprüft werden. Ein generell schädlicher Einfluss kann nicht festgestellt werden, wie die Psychologin Dr. Jeanette Schmid in ihrer empirischen Untersuchung zum Einfluss von Fantasy-Rollenspielen auf die Persönlichkeit im Fazit bilanziert.[155] Meine tiefenhermeneutische Analyse kommt zu dem Schluss, dass die inszenierten Anteile vom Ich separiert bleiben, da das Spiel keine Integrationsstrategien anbietet. So können sie freier ausgelebt werden, werden aber auch nicht angenommen. Eine solche Inszenierung verschiedener Lebensentwürfe ist für Adoleszente in der Phase der Identitätssuche spannend. Sie verliert an Bedeutung, sobald sich eine integrierte Ich-Identität gebildet hat, die die positiven und negativen Selbst-Anteile umfassen kann.

Das Fazit der Untersuchung der Spieleraktivität ist, dass es sich beim Fantasy-Rollenspiel um ein adoleszentes Imaginationsspiel

---

[154] In den USA sind einzelne Fälle aufgetreten, bei denen das Spiel einen negativen Einfluss auf die Persönlichkeit gehabt haben soll. Vorfälle von gewalttätigen Handlungen gegen andere wurden auf das Spiel zurückgeführt, ein Zusammenhang jedoch ist fraglich. Des Weiteren hat 1976 ein Student Selbstmord begangen, was mit seiner Spielaktivität in Verbindung gebracht wurde. Doch „eine Untersuchung der näheren Umstände seines Todes konnte keinen überzeugenden Beweis für einen Zusammenhang (...) erbringen." Weldon/Björnstad 1986, S. 10.

[155] Vgl. Schmid, J.: Umfrage http://www.rpg.net/252/quellen/schmidt/ umfrage.html Stand 24.04.2005

handelt, das Platz für *eigene Entwürfe und altersspezifische Konfliktthemen* bietet. So ermöglicht das Spiel eine aktive Aneignung und spielerische Verfügung über geteilte Konfliktthemen und individuelle Lebensentwürfe in der Teilöffentlichkeit der Gleichaltrigengruppe. Mit anderen Worten: Die Leistung des Spiels ist die Bereitstellung einer *Bühne zur Inszenierung von sinnlich-symbolischen Lebensentwürfen im Gruppenverband.* Wie die Bühne genutzt wird, hängt von den Spielern ab.

Zum Abschluss noch ein Ausblick auf die Verbindung von Medienkonsum und Rollenspiel. Fantasy-Rollenspiele ermöglichen, in einer gewählten medialen Bilderwelt individuelle Wünsche und Themen im Gruppenverband zu inszenieren. Damit bieten sie eine Form der Eigenaktivität, die es ermöglicht, anders als beim Kinobesuch, Fernsehen oder Lesen, über den Stoff aktiv zu verfügen und sich imaginär darin zu bewegen.[156] Das Gesehene oder Gelesene kann im Als-Ob des Spiels selbst gelebt und mit Anderen geteilt werden. Dadurch zeichnet sich das Fantasy-Rollenspiel als zugehörig zur Wendung in der Kulturrezeption aus. In dieser steht das Durchbrechen der hermetischen Grenze zwischen Angebot und Rezeption im Vordergrund. Im Fantasy-Rollenspiel ist der Aktivitätsanteil im Medienhandeln besondern hoch: Hier wirken die Spieler aktiv-handelnd auf das Geschehen ein und gestalten mit dem Spielleiter die Erzählung entsprechend ihrer Interessen. So werden aus Zuschauern Akteure, die sich in konkreten Interaktionen kreativ ausprobieren und Grenzen ausloten können.

---

156 Eine andere Art aktiver Verfügung und innerer Aneignung der Welt des *Herrn der Ringe* stellen die Fan Fictions dar. Dabei handelt es sich um literarische Produktionen von Fans zu den Begebenheiten und Protagonisten des *Herrn der Ringe*. Inhalte und Themen variieren ebenso wie Anspruch und Qualität. Die Geschichten sind auf zahllosen Internetseiten veröffentlich, die über Stichworte wie „fan fiction Herr der Ringe" zu finden sind. Der immense Umfang der schriftstellerischen Fantätigkeit in Folge der Filme ist ein weiteres Zeugnis für die starke Zugkraft der Trilogie. Daneben existieren andere Spielarten kreativer Bearbeitungen der Trilogie durch Fans, wie zum Beispiel die Erstellung von Kurzfilmen aus dem Filmmaterial mit Neuvertonung, Umdeutung oder Mischung mit anderen Filmprodukten. Siehe das Online-Videoportal *Youtube*.

In weiteren Untersuchungen bleibt zu klären, welche Jugendlichen die Art der Phantasietätigkeit und symbolischen Themenbearbeitung im Fantasy-Rollenspiel anspricht und wodurch sie sich von Jugendlichen unterscheiden, die nicht angesprochen werden. Die Spur beginnt bei der Verfügung über literarische Kompetenz und führt entlang der Freude am Spiel mit Narrationen hin zum Stellenwert der Phantasie im psychischen Gefüge. Den Zusammenhang und Endpunkt dieses Weges gilt es noch zu erkunden. Des Weiteren wäre eine vergleichende Betrachtung des imaginationsbasierten Fantasy-Rollenspiels mit anderen Spielen und Spielformen im Feld von Fantasy & Rollenspiel interessant, allen voran die in den letzten Jahren weltweit populär gewordenen Online-Rollenspiele.[157] Sowohl die Frage nach den Gemeinsamkeiten und Unterschieden in der Spielaktivität und Erlebnisqualität, als auch die Untersuchung der jeweiligen Spielergruppen, wäre lohnenswert. Eine nicht unbeträchtliche Überschneidung der Fantasy-Rollenspieler und Computerrollenspieler ist zu erwarten, nicht zuletzt, weil Fantasy-Rollenspiele zu den zentralen Vorbildern der Online-Rollenspiele gehören. Die Computerspiele greifen formale spieltechnische und motivische Aspekte des (Pen & Paper-) Rollenspiels auf und machen sie einer Massenspielgemeinschaft zugänglich. Den im Fantasy-Rollenspiel aufgezeigten geteilten, imaginären Raum im Gruppenspiel, in dem Identitätsentwürfe und Konfliktthemen inszeniert und in der konkreten Interaktion gespiegelt und ausgehandelt werden, ermöglichen die Computerspiele nicht. Ihr Spielangebot mit seiner ausgestalteten, audio-visuellen Bilderwelt, der weltumspannenden Community, der orts- und zeitunabhängigen Spieloption und den Aktionsparametern im virtuellen Raum ist anderer Natur. Um das computergenerierte Spielmedium zu erfassen, bedarf es einer eigenständigen Analyse und Interpretation. Was jedoch das szenische Angebot der Bilderwelten angeht, kann von einer Entsprechung zu der vorliegenden Analyse der Spielwelt[158] ausgegangen werden.

Die Beliebtheit von Fantasy-Rollenspielen und die Verbreitung ihrer modernen Nachfolger, der Online-Rollenspiele, zeigt, dass die

---

[157] Bekannteste Vertreter dieser computergebundenen Spielform sind derzeit World of Warcraft und Lineage, die beide dem Fantasygenre angehören.

[158] Siehe den Abschnitt „Die Spielwelt" in diesem Beitrag.

Motive, Konstellationen und Themen einer Fantasy, wie Tolkien sie mit seinem *Herrn der Ringe* ersonnen und Jackson sie erfolgreich inszeniert hat, große Attraktivität für ein weltweites Massenpublikum haben. Das Publikum nimmt sich den inszenierten Themen und Motiven nicht allein konsumierend, sondern in vielfältiger Weise aktiv gestaltend an. Das Wesen und die Qualität der jeweiligen Gestaltungsform gilt es, für sich zu prüfen, wie es in diesem Beitrag für das Spiel des Fantasy-Rollenspiels unternommen wurde.

Literatur

Baacke, Dieter: Die 13- bis 18-Jährigen. 5. Aufl. Weinheim; Basel 1991. S. 234.

Bettelheim, Bruno: Kinder brauchen Märchen. München 1999.

Bion, Wilfred R.: Erfahrungen in Gruppen und andere Schriften. Stuttgart 1971.

Davison, W. P.: The third-person effect in communication. - Public Opinion Quarterly, 47(1), 1983, S. 1 - 15.

Fend, Helmut: Sozialgeschichte des Aufwachsens. Frankfurt 1988. S. 61ff.

Freud, Sigmund: Totem und Tabu (Einige Übereinstimmungen im Seelenleben der Wilden und der Neurotiker). In: Ders.: Studienausgabe Bd. IX: Fragen der Gesellschaft/Ursprünge der Religion. Frankfurt 2000, S. 287 - 444.

Gygax, Gary: Gary Gygax on Dungeons and Dragons. In: Best of the dragon. - Lake Geneva, Wis. 1980.

Helfferich, Cornelia: Jugend, Körper und Geschlecht. Opladen 1994. S. 70.

Kahl, Ramona: Drei Perspektiven auf Fantasy-Rollenspiele. Unv. Mt.bd., Marburg 2003.

Kahl, Ramona: „Nichts anderes als ein Spiel?" Fantasy-Rollenspiele als Bühne verdrängter Lebensentwürfe. In: Prokop, Ulrike; Jansen, Mechthild M.: Doku-Soap, Reality-TV, Affekt-Talkshow, Fantasy-Rollenspiele. Neue Sozialisationsagenturen im Jugendalter. Marburg 2006. S. 275 - 314.

Kahl, Ramona: Fantasy-Rollenspiele als szenische Darstellung von Lebensentwürfen. Eine tiefenhermeneutische Analyse. Marburg 2007.

Kathe, Peter: Struktur und Funktion von Fantasy-Rollenspielen [online]. Dipl. Arb., Bielefeld. CFS e.V. (Hrsg.). Friedberg 1987. [Stand: 24.04.2003]. Verfügbar im Internet: <http://www.rpg.net/252/quellen/kathe>

Knopf, Tilmann: „Fantasy-Rollenspiele - eine Herausforderung für Religionsunterricht, Jugendarbeit und Erwachsenenbildung. Analyse und Ansätze für den Umgang mit dem Problemkreis" [online]. Praxisarbeit, Salzburg 1996. [Stand: 24.04.2003] Verfügbar im Internet: http://www.rpg.net/252/quellen/knopf

Kluge, Friedrich: Etymologisches Wörterbuch der deutschen Sprache. 23. Auflage. Berlin; New York 1999.

Lorenzer, Alfred: Das Konzil der Buchhalter. Die Zerstörung der Sinnlichkeit. Eine Religionskritik. Frankfurt 1988.

Lorenzer, Alfred: Die Sprache, der Sinn, das Unbewußte. Stuttgart 2002.

Merchant, Carolyn: Der Tod der Natur. Ökologie, Frauen und neuzeitliche Naturwissenschaft. München 1987.

Moreno, Jakob L.: Gruppenpsychotherapie und Psychodrama. Stuttgart 1959.

Rein°Hagen, Mark u. a.: Vampire - The Masquerade. Clarkston 1992.

Rein°Hagen, Mark u. a.: Vampire – Die Maskerade. ORT 1995.

Schmid, Jeanette: „Fantasy-Rollenspiel: Gefahren und Chancen" [online]. Vortrag auf Einladung des Realschullehrerverbandes und der VHS Schwäbisch-Hall am 4.5.1995. [Stand: 24.04.2003] Verfügbar im Internet: http://www.rpg.net/252/quellen/schmid/umfrage.html

Schmid, Jeanette: „Persönlichkeitsfaktoren bei Fantasy-Rollenspielern – eine empirische Studie" [online]. Psychosoziales Institut der Ruprecht-Karls-Universität Heidelberg, Heidelberg 1995.
[Stand: 24.04.2003] Verfügbar im Internet: http://www.rpg.net/252/quellen/schmid/umfrage.html

Tillmann, Klaus-Jürgen: Sozialisationstheorien. Eine Einführung in den Zusammenhang von Gesellschaft, Institution und Subjektwerdung. 9. Aufl. Hamburg 1999.

Tolkien, John R. R.: Der Herr der Ringe. Margaret Carroux (Übersetzerin). 8. Aufl. Ort 1998.

Tschirner, Susanne: Der Fantasy-Bildungsroman. Studien zur phantastischen Literatur, Band 9. Meitingen 1989.

Weldon, John; Bjornstad, James: Fantasy. Das Spiel mit dem Feuer. Dt. v. Karin Kaiser. Asslar 1986.

Von der Macht guter Geschichten – Entwicklungen und Elemente des Fantasy-Genres

Andrea Gerhardt

> *Sobald es vor uns steht, erzeugt das Sein Interpretationen; sobald wir über es sprechen können, ist es bereits interpretiert. Andere Möglichkeiten gibt es nicht.*
>
> *Umberto Eco*

> *Die Welt wird nicht geschaffen von Gott, nicht von der Umgebung, nicht von den ökonomischen Bedingungen, sondern allein durch die Einbildungskraft des Menschen.*
>
> *Oskar Kokoschka*

Das Genre *Fantasy* gilt in den Literaturwissenschaften als Subgenre der Phantastik oder phantastischen Literatur. In der Literaturwissenschaft findet es jedoch wenig Anerkennung.[159]

Eine Entwicklungslinie des *Fantasy*-Genres beginnt im Amerika der 1930er Jahre mit der Prägung des Begriffes. Die Bezeichnung *Fantasy* wurde erstmals 1928 von dem amerikanischen Science-Fiction-Autor Ernst Gernsback in dem von ihm herausgegebenen Magazin *Amazing Stories* verwendet, um die zahlreich eingereichten Geschichten mit phantastischen Inhalten von der wahren Science-Fiction abzugrenzen. *Science-Stories* wurden von Gernsback auf Erzählungen mit technologischen Aspekten und Inhalten eingegrenzt und sollten im eigentlichen Sinne des Wortes auf unterhaltsame Weise (natur-) wissenschaftliches und technologisches Wissen vermitteln. In der Folge dieser Festlegung wurde in den 1950er Jahren (vornehmlich in den Vereinigten Staaten) darüber diskutiert, inwiefern sich Wissen aus den *Humanities,* also Inhalte aus den Geistes- und Sozialwissenschaften, in dieses Genre integrieren ließen. Eine gangbare Lösung bot sich aus einer rein pragmatischen Richtung an, als sich in den 1960er Jahren die Bezeichnung *Fantasy* als eigenständige Kategorie für den Taschenbuchmarkt etablierte. Die Konkurrenz um die Gunst der Leserinnen und Leser zwischen den Ver-

[159] Vgl. z. B. Pesch 2001; Pohlmann 2004; Simonis 2005 und Durst 2007.

lagen *Ballentine Books* und *Ace Books* auf dem amerikanischen Buchmarkt erwies sich neben der Existenz von zahlreichen Magazinen als konstitutiv für die Entwicklung des Genres. Trotz starker Bemühungen von Seiten der Verlage, ein Konzept für Publikationen im Bereich *Fantasy* zu erstellen,[160] blieb das Spektrum der verlegten Bücher inhaltlich äußerst heterogen.

Ein besonderer Schwerpunkt des kommerziellen Erfolges lag von nun an auf der *Sword and Sorcery*[161], also verstärkt auf Erzählungen mit magischen Inhalten und Geschichten von Helden und Zauberern. Die in den kollektiven Mythen erhaltenen phantastischen Figuren konnten - und wurden - hier nicht nur wiederbelebt, sondern neu erfunden: Drachen, Zwerge, Centauren usw.. Die aus kommerziellen Gründen offenbar notwendigen weiteren Genre-Spezifizierungen dauern bis heute an. Früh hat sich aber bereits die Bezeichnung *Heroic Fantasy* für Erzählungen etabliert, in denen meist eine eigene Szenerie entworfen wird und in deren Mittelpunkt ein zu bewältigendes Abenteuer, eine *Queste*, steht. Zu den phantastischen Figuren gesellt sich nun eine phantastische Geographie - eine neue, eigens für die Geschichte entworfene Welt, in der nicht selten die physikalischen Gesetze der realen Welt außer Kraft gesetzt sind. Der Ort des Geschehens zeichnet sich nun häufig durch eine bewusste Abwesenheit von Technik und Technologien aus und bildet in diesem Sinn auch einen Rekurs auf vormoderne gesellschaftliche Strukturen, auf von jeglicher Zivilisation unberührte *landscapes*, die mit magischer Bedeutung unterlegt werden.

---

160 Wie das Beispiel des amerikanischen Autors Dean Koontz zeigt, der seine frühen Titel bei *Ace Books* verlegte, reichten diese Bemühungen zum Teil bis in die Eigentumsrechte der Autoren.

161 Der Begriff wurde von dem amerikanischen Schauspieler und Autor Fritz Reuter Leiber Jr. (1910 - 1992) geprägt und taucht 1961 sowohl im Magazin *Ancalagon*, als auch in *Amra* auf. Leiber gilt als Mitbegründer der *Sword and Sorcery* und ist Vorreiter einer neuen *Urban Fantasy*, deren wohl bekanntester zeitgenössischer Vertreter der englische Schriftsteller Sir Terry Pratchett ist (auch wenn seine Scheibenwelt-Romane meist eher der *Funny-Fantasy* zugeordnet werden). Mit seinem Entwurf der größten Scheibenwelt-Stadt Ankh-Morpok, der sich in zahlreichen seiner Romane entwickelt, eröffnet Pratchett auch für Soziologen ein interessantes (Forschungs-) Feld.

Der weitaus größere Teil der in diesem Kontext bislang entstandenen Arbeiten, lässt sich dem Bereich der Trivialliteratur zuordnen. Den Auftakt zu dieser, heute als *Low-Fantasy* gekennzeichneten Unterkategorie der *Fantasy,* bilden dabei sicher die Conan-Erzählungen des amerikanischen Schriftstellers Robert E. Howard. Bereits in den 1930er Jahren entstanden über *Conan, den Cimmerier (1932/1933)* Kurzgeschichten und ein Roman. Arnold Schwarzenegger verkörperte den Helden in der Verfilmung von 1982[162]. Parallel dazu aber entsteht die *High-Fantasy,* die sich vor allem durch den Rekurs auf kulturhistorische Inhalte auszeichnet. Der Name des britischen Philologen J. R. R. Tolkien (1892 - 1973) und seine Roman-Trilogie *The Lord of the Rings (1955)* sind mit den Anfängen dieser Richtung auf das Engste verbunden. Für zahlreiche Autorinnen und Autoren gilt Tolkien sogar als *„der* Gründervater" des gesamten *Fantasy*-Genres, da der Erfolg seines Buches und die Nachdrucke seiner früheren Werke, die nachträglich der *Fantasy* zugeordnet wurden, dem noch jungen Genre große Respektabilität verschafften[163].

Bei Tolkien und der *Ring*-Trilogie angelangt, wird nun der Anriss einer zweiten, inhaltlich orientierten Entwicklungslinie der *Fantasy* nötig, denn bereits in der phantastischen Literatur des 19. Jahrhunderts versammeln sich zahlreiche Erzählungen, die als Vorläufer der heutigen *Fantasy*-Literatur gelten können und die allesamt mit dem Gedanken an ein „Was-Wäre-Wenn..." experimentierten.

Den Visionen über das künftig technisch Machbare traten dabei auch Neuentwürfe des Menschen zur Seite. Das 1863 in Paris veröffentlichte Werk *Cinq semaines en ballon* von Jules Verne (1828 - 1905) wurde vom Publikum äußerst wohlwollend aufgenommen und seine Popularität wuchs mit *Voyage au centre de la terre (1864), Vingt mille lieues sous les mers (1869)* und schließlich mit *Le tour du monde en 80 jours (1873)* weiter an. Jules Verne versuchte eine Antwort auf

162 1985 entsteht eine Fortsetzung mit der Verfilmung *Conan, der Zerstörer.* Die Filme haben Arnold Schwarzenegger weltberühmt gemacht und neben einer Fernsehserie (nun mit Ralf Möller in der Hauptrolle) entstanden zahlreiche Erzählungen von unterschiedlichen Autoren, die sowohl die Szenerie als auch die Figur *Conan* adaptierten.

163 Vgl. Tschirner 1989, S. 17f.

die in seinem historischen Kontext rein fiktive Möglichkeit, zum Mond oder zum Mittelpunkt der Erde reisen zu können und erschuf mit seinen Erzählungen Orte, die nicht länger als weiße Flecken auf der Karte der Fiktionen akzeptiert wurden. Die Beliebtheit der fiktiven Erzählungen korrespondierte eindeutig mit der wachsenden Popularität der Berichte aus den Kolonien, mit denen dem daheim gebliebenen Lesepublikum die Faszination des kulturell Fremden näher gebracht wurde.

Neben der Faszination für die Erweiterungen des menschlichen Handlungsspielraumes durch die Entwicklung neuer Technologien, bereitete Verne mit seinen Erzählungen den Boden für eine breite Akzeptanz der Auseinandersetzung mit phantastischen Elementen in der Literatur. Nicht nur der heute klassisch gewordene Abenteuerroman, sondern auch der Schauerroman erfreute sich im ausgehenden 18. und beginnenden 19. Jahrhundert weltweit einer wachsenden Beliebtheit. So banden sowohl der amerikanische Schriftsteller Edgar Allan Poe (1809 - 1849) in seinen *The Narrative of Arthur Gordon Pym of Nantucket (1838)*, als auch der deutsche Romantiker E. T. A. Hoffmann (1776 - 1822) Elemente des Phantastischen in ihre Erzählungen ein. Die verstärkte Nachfrage nach phantastischen Erzählungen reiht sich als Erscheinungsform in die fundamentalen Umbrüche der Zeit und den mit ihnen einhergehenden Verunsicherungen ein. Sowohl die sich in der Folge der industriellen Revolution entwickelnden technischen Innovationen als auch die gesellschaftlichen Umbrüche lassen viel Spielraum für alternative Entwürfe von „Zukunft".

Bram Stokers *Dracula (1897)*, Mary Shelleys *Frankenstein (1818)* oder Stevensons *Mr. Hyde (1886)* sind wie Oscar Wildes *Dorian Gray (1891)* gedankliche Experimente, die mit der Möglichkeit der Expansion menschlicher Fähigkeiten, der Möglichkeit von Mensch-Maschinen-Hybriden und auch der (un)möglichen Überwindung des Todes befasst sind. Neben dem englischen Schriftsteller H. G. Wells (1866 - 1946) und dem amerikanischen Autor Mark Twain (1835 - 1910) gehören die genannten Schriftsteller und ihre Werke zu den Grundpfeilern einer sich neu entwickelnden Literaturgattung. Die Entwürfe beziehen sich dabei nicht ausschließlich auf ein Äußeres, sondern auch auf das Entstehen neuer Innen-Welten. Die

Erzählungen über unbekannte Länder und ungeahnte Fähigkeiten der Protagonisten faszinieren, weil sie über das Bekannte und Gewohnte hinausweisen. In gewissem Sinn entwerfen sie auch einen phantastischen *Third-Space,* in dem die Verunsicherungen einer brüchig werdenden (Alltags-) Welt in einen metaphorischen ´festen Boden´ umgewandelt werden können, der sich für neue Gewissheiten und alternative Handlungsweisen als tragfähig genug erweist.

Vom ‚welt-schöpferischen' Tätigsein

Elemente der phantastischen Literatur und in der Folge der *Fantasy* sind im Kern ‚welt-schöpferische' Projekte. Welt-Schöpfung qua Erzählung ist eine wirkungsvolle, kollektiv tradierte menschliche Tätigkeit und die Fähigkeit, Abwesendes anwesend zu machen.

Sigrid Löffler sieht in der Schöpfung von *Mittelerde* eine faszinierende Synthese und gewissermaßen eine Re-Formulierung der alten, fast vergessenen Mythologien aus dem Gilgamesch-Epos, der Ilias, dem Nibelungenlied und der Arthus-Sage.

J. R. R. Tolkien hat mit seiner *Ring*-Trilogie vielleicht zum ersten Mal zahlreiche Einzelelemente zusammengefügt und „tatsächlich" eine neue Welt erschaffen, weshalb ihm der Status des „Gründervaters" der *Fantasy*-Literatur wohl berechtigterweise zugesprochen werden kann. *Mittelerde* ist nicht nur ein „unbekanntes Land", sondern darüber hinaus mit zahlreichen Bewohnern bevölkert, die das gedankliche Experiment der Expansion menschlicher Fähigkeiten weiterführen. *Elben, Zwerge, Zauberer* und *Hobbits* vermögen einen Handlungsspielraum anzubieten, der uns Menschen in der Beschränkung dessen, was wir als Realität bezeichnen, versagt bleibt.

In der nachtolkien'schen *Fantasy* begegnen uns häufig Szenarien wahrhaft globalen Ausmaßes: Während einerseits eine ideale (gesellschaftliche oder natürliche) Ordnung entworfen und vorgestellt wird, wird die Befürchtung, dass alles auch ganz anders sein könnte, imaginiert und mit Hilfe des Plots exemplarisch durchgespielt. Anfänglich zeichnet uns die Geschichte also ein Bild von der Welt, wie sie sein *könnte*. Dabei ist nicht wichtig, ob diese Welt in eine ferne Zukunft oder in eine imaginierte Vergangenheit versetzt wird – beide Orte sind von unserer Gegenwart aus nur durch die Erzählung erreichbar und beinhalten Aspekte des Unmöglichen. Dieses Unmögliche bezieht sich sowohl auf den Ort der Erzählung mit seiner besonderen magischen Hintergrundstrahlung, als auch auf die Figuren und Personen. Die in der Erzählung skizzierte Welt sieht sich mit einer anfänglich nicht näher definierten Bedrohung konfrontiert. ´Das Böse´ tritt strukturell als ein (absoluter) Machtanspruch auf und bricht gewissermaßen als eine Formulierung des Willens zum Herrschen in die Welt ein.

Das Bedrohliche liegt im Dunklen, im Verborgenen, ist meist mit Gestaltlosigkeit verbunden und manifestiert sich zunächst durch unkörperliche Manipulation und Einflussnahme – das Bedrohliche bringt die Protagonisten der Geschichte dazu, anders zu Handeln, als sie das gewöhnlich tun würden. Genau in dieser diffusen Bedrohung verbergen sich unsere tiefsten Ängste und die stets vorhandene Befürchtung, dass es nicht wir selber sind, die handeln. Die bestehende Weltordnung wird durch den Machtanspruch einer konkurrierenden Ordnung bedroht. In der phantastischen Literatur tritt ein Konflikt zwischen zwei Weltordnungen auf; es werden „ontologische Zweifel“[164] formuliert, d. h. die Seinsgewissheit wird grundlegend erschüttert.

Auch ´das Gute´ tritt meist nicht in personifizierter Form auf; es herrscht der Grundsatz der Gemeinschaftlichkeit – da zu Beginn der Geschichte nicht gewusst werden kann, in welcher Form sich ´das Böse´ letztlich manifestiert, muss ´das Gute´ in Persönlichkeitsaspekten unterschiedlicher Figuren untergebracht werden. Deren Vereinigung, beziehungsweise deren gemeinschaftliches Handeln, hat dann eine reelle Chance, das Schlimmste, also die Machtergreifung ´des Bösen´, zu verhindern. Da sich der ´Kampf Gut gegen Böse´ in der wirklichen Welt nicht entscheiden lässt, muss es einen Ort geben, an dem er entschieden werden kann.

Dieser Ort ist in der *High-Fantasy* stets in Anlehnung an und Verbindung zu einer ´Anderswelt´ konstituiert. Diese kann *Mittelerde* oder Merlins *Broceliade* sein, ein ´heiliger Ort´ an dem der Übergang vom Diesseits in ein Jenseits, eine andere Welt (-ordnung) vollzogen werden kann. An diesen Orten ist die Schwelle zwischen den Wel-

---

[164] Vgl. Rottensteiner in Pohlmann 2004, S. 27.

ten leichter zu überschreiten, als irgendwo anders. Neben den Vermittlern zwischen den Welten, meist Zauberern in Anlehnung an die Merlin-Figur, sind die Charaktere fast ausnahmslos der keltisch-germanischen Sagenwelt entlehnt[165]. Dies schließt anthropomorphe Personifizierungen von Göttern und Halbgöttern ebenso mit ein wie Feen, Einhörner und Drachen. Die deutlich identifizierbaren archetypischen Themen und Motive, wie beispielsweise Initiation, Tod und Wiedergeburt und der „gehobene" Erzählstil lehnen sich an die tradierten Schilderungen von Schöpfungsmythen an. Die abenteuerliche Reise in die Anderswelt, die in der *High-Fantasy* (wieder-) erzählt wird, kann als mentale Karte gedeutet werden, die als Orientierungsrahmen dienen kann und sowohl den richtigen Weg als auch die richtigen Handlungsweisen aufzeigt.[166]

Das ‚welt-schöpferische' Projekt, welches uns in Form vieler Arbeiten aus dem *Fantasy*-Genre begegnet, vereint vor dem skizzierten Hintergrund nicht nur eine Re-Formulierung kultureller Mythen und fiktiv-spielerischer alternativer Entwürfe derzeitiger Weltordnungen, sondern bietet darüber hinaus einen Raum, in dem individuelle Orientierungsleistungen erprobt werden können. Das Denken des eigentlich Unmöglichen, die Gefahr, Gewissheiten zu verlieren und sich selbst schließlich ´neu´ erfinden zu müssen, sind Herausforderungen, die auch das ´wirkliche´ Leben an jede/n einzelnen stellt.

---

165 Dies wird schon an der Namensgebung mehr als deutlich. So ist *Gandalf*, Tolkiens *Zauberer* aus der *Ring*-Trilogie, beispielsweise der Name eines Zwerges in der Edda.

166 In Anlehnung an die keltischen ‚Immram' siehe auch die Ausführungen zur *Navigatio Brendani* in Gerhardt 1999, S. 17ff.

Fantasy-Welten aus weiblicher Perspektive – von der Leserin zur Autorin

Die narrativen Welten mit magischer Hintergrundstrahlung, wie sie in *High-Fantasy*-Erzählungen entworfen werden, bieten indes nicht nur eine Lösungsmöglichkeit sozialer, sondern auch individueller Konfliktfelder an. Sehr eindrücklich zeigt sich dies, wenn man „weibliches" Lesen und Schreiben genauer betrachtet. Aber auch das Wechselverhältnis zwischen den Leserinnen und Lesern von *Fantasy* einerseits und den Akteuren der verschiedenen Formen der *Fantasy*-Rollenspiele[167] andererseits, kann als Beleg dafür gesehen werden, dass der in einer Erzählung imaginierte Handlungsspielraum in reale Bezüge übersetzt werden kann. Während der Raum der Erzählung eher einen Container zur Identifizierung bereitstellt, werden in Formen der Übersetzung wie dem Rollenspiel die neu erworbenen Fähigkeiten spielerisch erprobt und ungewohnte Beziehungsmuster exemplarisch ausgeführt.[168]

Als Beispiel für die Bereitstellung von Identifikationsmöglichkeiten aus spezifisch weiblicher Perspektive möchte ich auf die Erzählungen *Die Nebel von Avalon* und *Die Feuer von Troja* der amerikanischen Autorin Marion Zimmer-Bradley (1930 - 1999) verweisen, in denen die Arthus-Sage einerseits und die Ilias andererseits als literarische Ressourcen genutzt werden. Sowohl die Arthus-Sage, als auch die Ilias sind in unserem kulturellen Gedächtnis verankert und sowohl Motive als auch Inhalte sind über Jahrhunderte immer wieder aufgegriffen und bearbeitet worden[169].

---

[167] Zur Thematik der Fantasy-Rollenspiele siehe den Beitrag von Ramona Kahl in diesem Band.

[168] Vgl. dazu den Beitrag von Anna Stach in diesem Band.

[169] In der durch die *Nebel von Avalon (1982)* äußerst populär gewordenen (Wieder-)Aufnahme des Arthus-Stoffes liegt übrigens auch ein Ursprung für die mittelalterlich anmutenden Anlehnungen, die fast durchgängig auch die jüngeren Verfilmungen von *Fantasy*-Literaturvorlagen beherrschen. Der bereits erwähnte Rekurs auf vormoderne Formen der Vergesellschaftung und die bewusste Vermeidung von technischen Gerätschaften trifft darüber hinaus auch in Kreisen der *Fantasy*-Rollenspieler mit einer Suche nach alternativen Lebensweisen zusammen.

Für Zimmer-Bradleys Romanerzählungen gilt: Nicht der verarbeitete Stoff macht die Geschichten zu einem Novum, sondern die konsequent weibliche Perspektive der Protagonistinnen. Vor allem Leser*innen* konnten die mit den erzählerischen Vorbildern verbundene positive Konnotation – und damit eine Abkehr von dem über Jahrhunderte hinweg überwiegend negativ geprägten Frauenbild in unserem Kulturkreis – für den Entwurf eines neuen Selbstbildes fruchtbar machen.

In dem von Karen Haber herausgegebenen Sammelband *Tolkiens Zauber*[170] erzählen *Fantasy*-Autorinnen und Autoren über ihre ersten Begegnungen mit J. R. R. Tolkiens Werken und nahezu alle beschreiben den *Hobbit* und den *Herrn der Ringe* als eine Art ´Einstiegsdroge´ und als Grundstein eines Genres, an dem man nicht vorbei kommt, nimmt man die Auseinandersetzung damit auch nur halbwegs ernst. Gerade den Autorinnen aber ist durchaus klar, dass es im *Herrn der Ringe* an geeigneten weiblichen Vorbildern mangelt:

> „Doch schon damals, in den Jahren, bevor ich so recht verstand, was Feminismus ist, erkannte ich, dass es für mich als Mädchen keinen Platz in *Frodos* Welt gab. *Tolkien* weckte ein Verlangen in mir, das dazu führte, dass ich mich anderen Autoren zuwandte – Mervyn Peake, E. R. Eddison, Lord Dunsany und William Morris, deren magische Reiche ich nach einem Land durchsuchte, in dem *ich* leben konnte."[171]

Ein Land, in dem es sich als Frau leben lässt, mitsamt den weiblichen Phantasien, für die es in der wirklichen Welt keinen Platz zu geben scheint! Alle Geschichten, doch insbesondere die, mit denen wir den sicheren Boden der Realität verlassen, bieten uns einen Ort an, an dem wir uns im wahrsten Sinne des Wortes befinden können. Der Aspekt der körperlichen Anwesenheit tritt bei dieser Auffassung hinter dem Sich-Finden zurück. Der Phasenraum einer Geschichte bietet nicht nur genügend Raum, das Undenkbare zu denken, sondern darüber hinaus eine Gelegenheit, das nicht Gelebte in einer mentalen Topographie zu verorten und ihm somit in gewissem Sinne ein Stückchen Realität zukommen zu lassen. Dass die zunächst lediglich imaginierten Handlungsspielräume sich zuneh-

---

170 Vgl. Haber 2002.

171 Windling 2002, S. 258.

mend in reale, gelebte, übersetzen ließen, zeigt sich einerseits an der wachsenden weiblichen Autorenschaft.

Die in der *Fantasy*-Literatur vorgestellten Szenarien bilden vor dem oben skizzierten Hintergrund einen nicht unwesentlichen Teil unseres alltäglichen Geographie-Machens - eine mentale Kartierung unserer Möglichkeiten der Verortung in diskursiv hergestellten Räumen, mit deren Hilfe sich Menschen in der Welt einrichten können. Eine solche Karte fixiert nicht endgültig, sondern bewegt sich mit den Bewegungen der Menschen, die sie zeichnen. In diese mentalen Topographien werden die Grenzen von Möglichkeiten eingetragen. Sie sind zugleich Bild und Erzählung einer gelebten Geographie und definieren die Bedingungen, unter denen sich Menschen miteinander in Beziehung setzen können.

Es verbleibt die berechtigte Frage, warum es ausgerechnet Elemente des Phantastischen sind, die eine solche Funktion besonders gut übernehmen können. Warum *Mittelerde, Elben, Zauberer, Drachen* und *Trolle*? Ich bin mit Uwe Durst der Ansicht, dass *Fantasy* als ein Genre der „maximalen Verfremdung" eine besondere Strenge einfordert, denn

> „die phantastische Realitätsverweigerung, die Infragestellung jedes geltenden Realitätssystems, provoziert eine aufmerksame Suche nach gültiger Realität auf Seiten des Lesers."[172]

Der narrative Aufbau eines Gültigkeit beanspruchenden Realitätssystems, welches mit dem der erlebten Wirklichkeit konkurriert, besitzt offenbar nicht genug Bindungskraft, um eine Anhängerschaft wie die ‚*Fantasy*-Gemeinde' hervorzubringen. Die Elemente des Phantastischen repräsentieren durch ihre eigentliche Unmöglichkeit eine Realitätsverweigerung, die es erleichtert, eine in sich geschlossene Welt mit eigener Geographie und eigenständigen Regeln als gültig anzuerkennen. Gerade der Akt der maximalen Verfremdung, die Akzeptanz des eigentlich Unmöglichen und die damit verbundene Verweigerung jedes Realitätssystems ermöglichen den reflektierten Rückbezug auf unsere Wirklichkeit. Die Attraktivität der *Fantasy* besteht darin, dass sie *wirkt* – durch unseren eigenen, mythischen Hang zum Abwesenden, unsere Neugier, unbekannte

---

[172] Durst 2007, S. 388.

Länder entdecken zu wollen und unsere Sehnsucht nach Formen der Vergesellschaftung, die uns in den Rollen, in denen wir uns selber sehen wollen, verstärkt.

Literatur

Durst, Uwe: Theorie der phantastischen Literatur. Berlin: LIT 2007.

Eco, Umberto: Kant und das Schnabeltier. München: dtv 2003.

Friesner, Esther M.: Wenn ein Mädel an einen Hobbit gerät... . In: Haber (Hrsg.): Tolkiens Zauber, S. 73 - 85.

Gerhardt, Andrea: Über „reale" und mythische Fernen. In: Kruckemeyer, Frauke (Hrsg.): Über „Landschaften" hinter der Landschaft. (=Urbs et Regio, Kasseler Schriften zur Geographie und Planung 70/1999), Kassel 1999, S. 17 - 30.

Haber, Karen (Hrsg.)/ Pratchett, Terry/ Le Guin, Ursula K./ Martin, George R. R. und andere.: Tolkiens Zauber. München: Heyne 2002.

Jahraus, Oliver: Der fantastische Film. Geschichte und Funktion in der Mediengesellschaft. Würzburg: Königshausen & Neumann 2005.

Kokoschka, Oskar: Mein Leben. Wien: Metro 2008.

Löffler, Sigrid: Ein Drache ist kein eitler Wahn. ‚Der Herr der Ringe' unterwegs vom privaten Spleen zum globalen Event. Ein Bekenntnis. In: Literaturen, März 2002; H 52749, S. 4 - 9.

Olsson, Gunnar: Abysmal. A Critique of Cartographic Reason. London: University of Chicago Press 2007.

Pesch, Helmut W.: Fantasy – Theorie und Geschichte einer literarischen Gattung. Erster deutscher Fantasy Club e. V. Passau 2001.

Pohlmann, Sanna: Phantastisches und Phantastik in der Literatur. Zu phantastischen Kinderromanen von Astrid Lindgren. Wettenberg: Johannes Herrmann J&J 2004.

Pratchett, Terry/ Stewart, Ian/ Cohen, Jack: Die Gelehrten der Scheibenwelt. München: Heyne 2000.

Pratchett, Terry/ Stewart, Ian/ Cohen, Jack: Rettet die Rundwelt! Mehr von den Gelehrten der Scheibenwelt. München: Heyne 2003.

Simonis, Annette: Grenzüberschreitungen in der phantastischen Literatur. Einführung in die Theorie und Geschichte eines narrativen Genres. Heidelberg: Universitätsverlag Winter 2005.

Tschirner, Susanne: Der Fantasy-Bildungsroman. Meitingen: Corian-Verlag Heinrich Wimmer 1989.

Weinreich, Frank: Fantasy. Eine Einführung. Essen: Oldib 2007.

Windling, Terri: Über Tolkien und Märchen. In: Haber (Hrsg.): Tolkiens Zauber, S. 246 - 262.

Resümee: Tiefenhermeneutische Ergebnisse zum *Herrn der Ringe* im Spektrum aktueller Fanstudien zum Fantasy-Genre

Anna Stach

Gegenwärtig besteht Konsens darüber, dass Mediennutzung eine Form aktiver Aneignung durch das Publikum ist. Der Begriff Medienrezeption hat in den 90er Jahren den Begriff der Wirkung abgelöst. Mit dieser Auffassung ist zu Recht die Abkehr von dem Verständnis einer einseitigen Wirkung des Mediums auf die ZuschauerInnen verbunden. Die subjektiven Sinnkonstruktionen und Kontexte werden seit dem in den Mittelpunkt gestellt und zum Ausgangspunkt der Forschung gemacht. Im Zuge dieses Perspektivwechsels hat der Aneignungsbegriff aber an Aussagekraft verloren.[173] Die Rezeption wurde als vielfältige Konstruktionsmöglichkeit gesehen, ein kritischer Blick auf Wirkungen ausgeblendet und ein Urteil über die Qualität der Produkte vermieden. Aneignung wird heute wieder stärker auf die Inhalte bezogen und versucht, präziser zu fassen. Sie ist als Besetzung von Inhalten, die entweder neue Sichtweisen und innere Bilder erzeugen oder auch bestehende bestärken, zu verstehen.[174] Produktive Aneignung kann als Wirkung erachtet werden, wenn Filme durch ästhetische Erfahrungen spontan Bildungsprozesse auslösen.[175]

Die hier vorgelegte Untersuchung hat, bezogen auf diese Perspektivwechsel einen Mittelweg eingeschlagen. In der Tradition Kritischer Theorie wurden Inhalte, Wirkungs- und Rezeptionsweisen aufeinander bezogen und auf Abwehrvorgänge hin untersucht. Dabei sollte die Eigensinnigkeit der Fans ebenso zum Zuge kommen wie die Konturen des Angebots, die das Spektrum der Aneignungsmöglichkeiten eingrenzen. Die konkreten Inhalte, die individuellen Wahrnehmungen der Inhalte und die Diskussion über das

---

173 Vgl.: Geimer 2010, S. 13ff.

174 Vgl.: Wegener 2008, S. 58ff.

175 Vgl.: Geimer 2010. S. 14.

Gesehene und Erlebte wurden entsprechend der tiefenhermeneutischen Medienanalyse miteinander in Verbindung gebracht.

Bevor ich die Ergebnisse unserer Beiträge zusammenfasse, möchte ich auf weitere Befunde zum Fantasy-Genre und seinen Fans eingehen.

Untersuchungen und Kritiken zum Genre Fantasy gehen in zwei gegensätzliche Richtungen. Entweder zielen die AutorInnen darauf, das produktive Moment des Genres nachzuweisen, oder sie zeigen problematische Seiten auf, die mit der Vermittlung des Heldentums und der totalitären oder unrealistischen Weltbilder zusammenhängen. Bereits die Kritiken zu Tolkiens Buch *Der Herr der Ringe* waren gespalten: Einerseits wurden dem *Ring*-Stoff faschistische und andererseits ökologisch-soziale Orientierungen nachgewiesen.[176] Diese gegensätzlichen Einschätzungen reichen bis heute. Ein Teil der Auseinandersetzung mit dem Genre Fantasy kreist um die Frage, ob und inwieweit die konstruierten Welten mit ihren übernatürlichen Aspekten in die Realität zu übersetzen sind. Die Verteidiger betonen, dass die Parallelwelten Offenheit für Phantasien bieten und gerade nicht in engem Bezug zur sozialen Realität gelesen werden sollen.[177] Sie gehen von einem anthropologischen und daher legitimen Bedürfnis danach aus, Unmögliches zu konstruieren. Die KritikerInnen fragen stärker nach den Inhalten der Konstruktionen und diskutieren aus unterschiedlichen Perspektiven die Qualität der Angebote und ihre Wirkung.

Die zwei aktuellen Studien, sowie unsere Analyse des Fantasy-Genres können in dem ausgeführten Spannungsfeld verortet werden: Die Kultivierungs-Studie von Bastian Jenderek „Fantasy und Realität", die Medienwirkungen aufzeigen möchte, und die Studie von Lothar Mikos und seinem Team zur Kino-Trilogie *Der Herr der Ringe*, die die Bedeutung des Rezipienten/der Rezipientin und deren Medienumgebungen betont, unsere Studie, die das Heldentum und damit verbundene Abwehrmechanismen herausarbeitet. Ich

---

176 Die kritische Position nimmt zum Beispiel Patrick Curry ein, vgl.: Curry: 1997. Frank Weinreich verteidigt die andere Seite, vgl.: Weinreich 2010.

177 Die Verteidiger der Fantasy beziehen sich zum Teil auf Tolkien selbst, der davon ausgeht, dass sich die Geschichten positiv auswirken, weil sie Erholung von der Primärwelt, d.h. der realen Welt, verschaffe, vgl.: J. R. R. Tolkien 2002.

stelle die Ergebnisse der Studien von Jenderek und Mikos vor, bevor ich unsere Ergebnisse in diesem Rahmen zusammenfassend reflektiere.

Bastian Jenderek geht in seiner Studie zur Wirkung des Fantasy-Genre der Frage nach, inwieweit das Weltbild, die Wahrnehmung und Deutung der Gesellschaft bei Fantasy-Fans durch die eingespielte Genrenutzung geprägt wird.[178] Diese Studie arbeitet mit dem Kultivierungsansatz von Gerbner und der Schematheorie.[179] Sie will zeigen, dass der regelmäßige Konsum von Fantasy-Produktionen einen Einfluss auf die Weltdeutung ausübt.[180] Die Studie kommt zu dem Ergebnis, dass Genrefans in der Beschreibung des Films stärker typische Fantasy-Elemente nutzen. Das sind in diesem Fall die Sekundärwelt mit Magie und der Glaube an ein vorherbestimmtes Schicksal. Tarot wurde von der Gruppe der Fans mit seinen magischen Elementen und dem Glauben an vorherbestimmte Schicksale ausführlich und positiv beschrieben. In Bezug auf die nicht genrespezifischen Rekonstruktionselemente wurde jedoch kein Zusammenhang mit der Genrenutzung sichtbar. „Insgesamt kann festgestellt werden, dass das Genre mit dem Weltbild in einem engen Zusammenhang steht: das fiktionale Genre ist mit einem Teil des Schemavorrats der Probanden verbunden."[181] Die Genrenutzung erweist sich damit als relevante Größe im Informationsverarbeitungsprozess. Jenderek hebt daher das Wirkungspotential von Medieninhalten für die Verinnerlichung von (Fantasy-)Weltbildern

---

178 Vgl.: Jenderek 2009.

179 Kritiken an der Kultivierungsforschung wurden aufgegriffen und forschungspraktisch berücksichtigt.

180 Ich skizziere zum Verständnis die Untersuchungseinheiten: Im ersten Schritt wurde Versuchspersonen ein Film gezeigt, über den sie ihre nach dem Anschauen ihre Ansichten mitteilen sollten. Der Film bestand zu einer Hälfte aus einer Dokumentation über *König Artus* und seine Suche nach dem heiligen Gral, und zur anderen Hälfte aus genretypischem, fiktionalem Material. In einem zweiten Schritt wurden die TeilnehmerInnen der Studie zu ihrer Einstellung zum Tarot befragt. Diese Befragung sollte die Haltung zu den Aspekten der Vorherbestimmtheit und der Magie ermitteln. Im dritten Schritt wurden die TeilnehmerInnen nach einigen Wochen noch einmal zu dem angeschauten Film befragt.

181 Jenderek 2009, S. 150.

hervor.[182] In der Studie wird eingeräumt, dass die Frage, inwieweit der genrespezifische Medienkonsum allein für das Weltbild verantwortlich ist, nicht abschließend beantwortet werden kann. Diese offene Frage wurde lange schon in Form der Kritik in Bezug auf den Kultivierungsansatz formuliert und stellt sich grundsätzlich in der Medienwirkungsforschung. Die Ergebnisse weisen aber darauf hin, dass die emotionale Bindung von Fantasy-Fans an das Genre mit den Fantasy-typischen Weltvorstellungen und Selbstphantasien zusammenhängt.

Die umfassende medienwissenschaftliche Untersuchung zur Kino-Trilogie *Der Herr der Ringe* geht in eine andere Richtung. Sie hebt die Bedeutung der medienkonvergenten Umgebungen für das Interesse und die Rezeption der Fans hervor und betont Kontexte und die Vielfalt von Erzählungen. Die Untersuchung ist multiperspektivisch angelegt und zielt darauf ab, die Attraktion und Faszination der Trilogie als populärkulturelles Phänomen herauszuarbeiten.[183] Sie umfasst unter anderem eine dreiteilige Rezeptionsstudie, die der Faszination des Publikums in mehreren Facetten nachgeht (Online-Befragung, Befragung von KinobesucherInnen, Gruppendiskussionen).[184]

Die Studie hebt hervor, dass der Film zu einem Medienereignis wurde, „das man nicht verpassen darf".[185] Der Hype spielte eine große Rolle und beeinflusste sowohl Filmsozialisierte (das sind diejenigen, die nur die Filme kennen) als auch die, die zuvor die Bücher kannten (LiteratInnen). Die KinobesucherInnen stellten ein durchschnittliches Publikum mit einem ausgeglichenen Frauen- und Männeranteil. Ihr Alter lag zwischen 15 und 56 Jahren. Ein großer Teil der Befragten definierte sich als Fans, insbesondere die jüngeren. Zwischen dem Fanstatus und der Buchkenntnis wurde eine hohe Übereinstimmung festgestellt. Bei der Online-Umfrage zeigten sich die meisten „Super Fans".[186] Die AutorInnen verweisen

---

182 Ebd., S. 154.

183 Mikos et al.: 2007, S. 16.

184 Ebd., S. 193-242.

185 Ebd., S. 214.

186 Ebd., S. 207.

darauf, dass in Bezug auf die Online-Umfrage die Bedeutung der Zugangsweise zum Stoff besonders deutlich wurde: „Ob Zuschauer eher durch die Filme oder die Bücher an *Der Herr der Ringe* herangeführt werden, ist für die Rezeption und Aneignung wichtig. Zugleich zeigt sich, dass die Befragten nicht nur die *Herr der Ringe*-Filme sehen, sondern in ein Bündel weiterer Aktivitäten in konvergenten Medienumgebungen verstrickt sind."[187]

Die Studie hebt hervor, dass *Der Herr der Ringe*-Fans die transmedialen Möglichkeiten in ihrer ganzen Breite nutzen. Sie schrieben den Filmen auch eine größere Bedeutung zu. Sie nutzten den Film, um soziale Differenzen zu kommunizieren, und sich von Nicht-Fans abzugrenzen. Fans zeigten dabei ihr Wissen. Sie sahen in den Filmen mehr als andere und waren in der Lage, sie in Produktionskontexte einzuordnen.[188] Frauen schätzten sich ebenso oft als Fans ein wie Männer. Die Kenntnis der Bücher trug, so die Studie, bei weiblichen wie männlichen Fans elementar zum Rezeptionsvergnügen bei. Die Fans und die Literaten erlebten ihren Aussagen zufolge die Filme auch intensiver als die Filmsozialisierten. Für die Literaten war, was nahe liegt, der Blick auf die Umsetzung der Buchvorlage ein zentrales Thema. Das Alter spielte auch für das Erleben des Films eine wichtige Rolle: Je jünger eine befragte Person war, desto besser hat ihr der Film gefallen.[189]

Im Hinblick auf die geschlechtsspezifische Rezeption zeigt die Studie, dass Männer die Kämpfe imposanter fanden als das weibliche Publikum. Frauen stimmten aber der Aussage, dass der Film „etwas für Männer" sei, keinesfalls zu. Die Liebesgeschichte wurde von ihnen insgesamt mit höherem Interesse verfolgt. Es gab aber auch Frauen, die die Liebesgeschichte als überflüssig einstufen. Diese Frauen gehörten entweder zu der Gruppe der Literaten oder zu den Fans.[190]

---

[187] Ebd.

[188] Ebd., S. 210.

[189] Ebd., S. 115.

[190] Ebd., S. 218-219.

Über die Abfrage der Lieblingsfiguren wurden inhaltliche Vorlieben ausgemacht.[191] Die Studie will aber vor allem dokumentieren, dass die emotionale Teilhabe an Filmfiguren nicht allein durch die Inhalte vorstrukturiert, sondern elementar von den konvergierenden Medienumgebungen mitbestimmt wird.

Unsere Untersuchung nimmt eine andere Gewichtung vor und dokumentiert die Bedeutung von zentralen Elementen der Inszenierungen für Fans. Sie weist emotional geladene Identifikationen mit den inszenierten idealen Entwürfen nach. Dieses Ergebnis stellt nicht in Frage, dass zum Beispiel der Hype um die *Herr Der Ringe*-Trilogie auch wesentlich zu dem Motiv, die Filme zu sehen, beigetragen hat. Es relativiert aber den Kontext für die Wahrnehmung und zeigt, dass die Rezeption eng an Ur-Elemente anschließt.

Dabei bewegen sich unsere Ergebnisse im Spannungsfeld der Diskussion um Fankulturen. Das Genre, so unsere Befunde, stößt beeindruckende und vielfältige Aktivitäten und Interessen an, so dass Fantasy-Fans keinesfalls oder vielleicht sogar in besonderer Weise gerade nicht zu passiven RezipientInnen von Medienangeboten gehören. Das Lesen, Geschichten-Schreiben, die Auseinandersetzung mit Sprachen, gemeinsame Aktionen und die Aneignung von Medienwissen zeichnen viele Fantasy-Fans aus. Zu diesem Ergebnis ist auch die Studie von Mikos gekommen. Vor dem Hintergrund der Inhalte und Selbstphantasien, die für die Fans eine zentrale Rolle spielen, sind aber auch problematische Dimensionen sichtbar, die mit den vorfindbaren, von uns beschriebenen Inszenierungselementen, zusammenhängen. Ich führe im Folgenden beide Pole aus: Die produktive Dimension und die problematische, die sich aus den angebotenen und ausgelösten Selbstphantasien und Abwehrvorgängen ergibt.

Zur produktiven Dimension: Die produktive Seite, die Kreativität der RezipientInnen und SpielerInnen zeigt zum Beispiel der Beitrag

---

191 Als absolute Lieblingsfigur erwies sich bei der Befragung der KinobesucherInnen und in der internationalen Online-Studie der Protagonist *Aragorn*, der als „tapferer, mutiger, sympathischer, männlicher Held" wahrgenommen wurde. Die Figur *Legolas* rangiert an zweiter Stelle und wurde vor allem von den 15-25-Jährigen favorisiert. Diese Ergebnisse stimmen mit unseren überein und deuten auf die Identifikation mit zentralen Leitfiguren.

von Astrid Vormschlag auf. Für die *Ring*-Convention werden aufwendige Beiträge im Bereich des Künstlerischen und in Form medialer Darstellungen vorbereitet und eingebracht. Nimmt man Fanfiction in den Blick, so wird die Lust am eigenen Schreiben von Geschichten sichtbar. Solche Schreibprozesse könnten für Bildungsprozesse von Bedeutung sein und verweisen auf ein Interesse an gemeinsam geteilter Aktivität - die Geschichten werden ja öffentlich gemacht und stellen sich der Kritik.[192] Fanfiction zeigt auch, dass die inneren Räume, die in den Geschichten entfaltet werden, sehr stark mit den Fantasy-Vorlagen verbunden sind: Ausgeführt wird das ´große Ereignis´ und Liebe auf Distanz.[193] In Fanzines spiegelt sich vor allem ein breites Interesse der Fans an Produktionsbedingungen und an Wissen über die Schauspieler, die Romanvorlage, Filmfehler (Goofs) und neue Spiele. Auch hier spielt ´das große Ereignis´ eine zentrale Rolle.[194] Auf das Interesse an Medienproduktionswissen weist auch der Beitrag von Astrid Vormschlag hin.

Ramona Kahl betont die kreative Aktivität der Fantasy-Rollenspieler, die eindeutig zu erkennen ist. Die Rollenspiele leben davon, dass sich SpielerInnen gegenseitig in ihren Phantasien beflügeln, lustvoll Geschichten erfinden und diese im Schutz der Gruppe miteinander teilen. Ramona Kahl macht aber auch deutlich, dass Fans spezifische Phantasiegestalten spielen, und nicht von einer unendlichen Breite an Selbstphantasien ausgegangen werden kann.

Welche Phantasien und Abwehrprozesse entfalten sich unseren Ergebnissen zufolge? Ich führe die tiefenhermeneutischen Ergebnisse aus:

---

192 Vgl. zur Diskussion der Produktivität von Fanfiction im Bereich der Fantasy auch Pugh 2005, zur transmedialen Perspektive auch Möhler 2010.

193 Vgl.: http://www.herren-des-westens.de/fanfiction.html. Zugriff am 19.09.2010.

194 Untersucht wurden die offiziellen Begleitbücher zu allen Teilen der Trilogie sowie alle Beiträge zum Film in folgenden Zeitschriften: *M&F Magic &Fantasy, Nautilus Abenteuer & Phantastik, CINEMA, BLOCKBUSTER*. Ein eigenständiger Beitrag zu dieser Untersuchung konnte leider nicht in das Buch aufgenommen werden.

In Bezug auf den Film *Der Herr der Ringe* und die ausgesuchten Fantasy-Rollenspiele ist, so die übereinstimmenden Ergebnisse, die Auseinandersetzung mit Autorität von elementarer Bedeutung. Dabei geht es aus sozialisationstheoretischer Perspektive um die Ablösung von elterlichen Autoritäten, sowie um die Ablösung und Abkehr von Lehrern, Politikern und anderen gesellschaftlich einflussreichen Funktionsträgern (Generationenwechsel). Diese Auseinandersetzung ist mit den Plots verbunden. Die Konstruktion von Helden und die Bildung von Heldengruppen spielen für diesen Prozess eine zentrale Rolle. Sie müssen sich im Rahmen enttäuschender, kränkender und bedrohlicher Situationen ihren Platz im Leben oder eine an Menschlichkeit orientierte Ordnung erkämpfen und dabei Generationenkonflikte durchstehen. In diesem Prozess müssen sie ´bösartige´ Kräfte, die sich dabei kontinuierlich in den Weg stellen, mit Hilfe von Taktik und Gewalt vernichten. Die Darstellung der positiven und negativen Kräfte deuten wir aus psychoanalytischer Perspektive als Symbolisierungen von (Eltern-)Autoritäten sowie als verpönte und geliebte Selbstanteile. Diese werden mit Hilfe von gängigen kulturellen Bildern ausgestaltet.

Anna Stach zeigt in ihrem Beitrag auf, dass die Filme der *Ring*-Trilogie männliche Entwicklungsgeschichten inszenieren, und dass sich der ´gute Krieger´ als der ideale Lebensentwurf erweist. Mit diesem Entwurf wird der Generationenkonflikt bebildert und bestritten. Er ist, so das Ergebnis, für Frauen wie für Männer identifikationsfähig. Die Faszination dieses Angebots ergibt sich einerseits aus der Erfahrung der Ermächtigung in einer wehrhaften Gruppe und damit zusammenhängenden Größenphantasien, die durch Bescheidenheitsrituale und unendliche Unterordnungsrituale verdeckt werden. Ein unwiderstehlicher Sog der Bilderwelten heftet sich an den Entwurf der Selbstauflösung und die Unterordnung unter ´gute´ Autoritäten. Die Tugend der Reinheit ist konstitutiv für den idealen Entwurf. Die Frage nach der Positionierung im moralischen Feld ist zentral. Sie etabliert den Modus der Spaltung, der immer mit Vorstellungen von Schuld und Strafe einhergeht, und ohne Projektionen nicht auskommt. Die Faszination auslösenden Phantasien folgen damit fundamentalistischen Mustern, die durchaus einen Anker in der Kultur des Mainstreams haben.

Anna Stach zeigt auf, dass im Rahmen der Inszenierung des ´guten Kriegers´ und der Kampfgruppe moderne Männlichkeiten zu sehen sind, die im Gegensatz zu traditionellen Männlichkeiten auch feminine Anteile präsentieren. Auf manifester Ebene sind gleichrangige Geschlechter- und Paarkonstellationen zu sehen. Auf latenter Ebene zeigen sich Abwehrformationen, die aggressive Affekte gegen Frauen und das Paar enthalten. Sexualität und Nähe geraten unter ein Tabu. So wird im Film *Der Herr der Ringe* männliche Angst vor Sexualität latent thematisiert und mit weiblichen Stereotypen und dem Rückzug in die Peergroup beantwortet, in der homoerotische Kampfspiele stattfinden. Die adoleszente Entwicklungsaufgabe, Sexualität zu integrieren, bleibt auf der latenten Ebene der Symbolisierung unzureichend und ist problematisch. Anna Stach vermutet, dass eine stereotype Auseinandersetzung mit Sexualität und Angst vor weiblicher Sexualität typisch für Fantasy-Produkte ist, und für die Rezeption eine wichtige Rolle spielen.

Bettina Damaris Lange zeigt, dass weibliche und männliche Fans das Angebot affirmativ aufgreifen und die heroischen Krieger und ´Kämpfer für das Gute´ kritiklos bewundern. Die weibliche Rezeption der Trilogie ist stärker durch die Lust an der Erfahrung des Beschützt-Werdens durch starke Krieger und die Bewunderung der tapferen Krieger gekennzeichnet. Weibliche Fans betonen manifest die Bindungsverhältnisse der Figuren untereinander und verfolgen die Phantasie, dass sich gegnerische Parteien versöhnen mögen. In der Bewunderung werden aber auch eindeutig Identifikationen mit den ´guten Kriegern´ deutlich.[195]

Ramona Kahl kommt im Hinblick auf die Fantasy-Rollenspiele zu ähnlichen Ergebnissen: Das zentrale Motiv der Spielerzählungen ist die Gefährdung des körperlichen oder moralischen Überlebens einer Gruppe von Helden. Im aktiven Gruppenspiel ist die gemeinsame Bewältigung von Aufgaben, von großen Gefahren und die Überwindung ´bösartiger´, mächtiger Gegner zentral. Sie besiegt Gegner, die der erfolgreichen Lösung ihrer Aufgabe im Weg stehen. Die Hindernisse, die die Gruppenmitglieder zu überwinden versuchen, deutet Kahl aus psychoanalytischer Perspektive als Symboli-

---

195 Zur Rezeption, vgl. auch Anna Stach (im Ersch.).

sierungen elterlicher Autorität, die es zu entmachten gilt, um sich eigene Werte und neue Handlungsmuster zu erschließen und eine autonome Identität zu entwickeln. Ramona Kahl kommt zu dem Ergebnis, dass die Inszenierung des Kampfes gegen Repräsentanten ´des Bösen´ auf der unbewussten Ebene im Sinn der sinnlich-symbolischen Interaktionsform bei Lorenzer mit der Inszenierung der Entmachtungen der elterlichen Autoritäten assoziiert ist.[196] Die wiederholten Aufführungen des Ablösungskampfes im Schutz der Gruppe machen, so Kahl, die Faszination des Spiels aus. Die in der Spielgruppe geteilte, unbewusste Phantasie ist der innerliche Kampf gegen die Eltern. So wird auch verstehbar, warum Jugendliche und junge Erwachsene eine Zeit lang intensiv, fast süchtig diese Gruppenspiele spielen, und dann plötzlich das Interesse daran verlieren. Kahl deutet den Abbruch als Ausdruck dafür, dass die Ablösung vollzogen ist. Ist der Konflikt im Wesentlichen durchgestanden, erzeugt das ´Kampf-Spiel´ nicht mehr die Lust wie zuvor und wird in der Regel nicht mehr aufgesucht.

Ramona Kahl arbeitet analog zu den inhaltsanalytischen Ergebnissen von Anna Stach heraus, dass im Prozess des Spielens der klassischen Fantasy-Rollenspiele das Thema der Spaltung zentral ist. Der Spieler löst seine Ambivalenz auf, indem er die von ihm abgelehnten Selbstanteile abspaltet und in einer äußeren Position verortet. Die abgelehnten Anteile deutet Kahl als widerstreitende Impulse gegenüber den Eltern und Selbstanteilen: Die beängstigenden negativen Affekte werden im Spiel auf die ´bösen Gegner´ gerichtet. Diese werden vernichtet, das Ich ist entlastet, bis der nächste Gegner erscheint. In den Bildern des Übernatürlichen gehen Ich-Ideale und Größenphantasien ein, die - der Logik der Spaltung folgend - reinlich von ´dem Bösen´ geschieden bleiben. Das Übernatürliche, ´die Guten´ stehen für das Unkörperliche, Schöne, während ´die Bösen´ animalische Triebe, Gier und deformierte Körperlichkeit symbolisieren. Ramona Kahl macht deutlich, dass in dem Spiel keine Integration der widerstreitenden Positionen gefunden werden kann. Das Gruppenspiel kann mit diesen Elementen den Adoleszenzkonflikt begleiten und Entlastungen durch die Spaltungsprozesse bie-

---

[196] Lorenzer 1992, S. 163ff.

ten. Überschreitungen im Bereich der Gewaltphantasien werden durch die Gruppe in Schranken gewiesen. Die Gruppe bietet so Schutz vor eigener Entgrenzungserfahrung. Die Spiele führen aber nicht zur Integration und Akzeptanz von Ambivalenz.

Die Rezeptionsstudie von Bettina Damaris Lange zeigt, dass die Phantasien der Fans stark um die Auseinandersetzungen mit den im Film inszenierten Konstruktionen von ´Gut und Böse´ kreisen. Das Ergebnis zeigt auch, dass die damit in Verbindung stehenden Phantasien und Affekte stärker sind, und ´behalten werden wollen´, auch wenn ein kritischer Impuls gegenüber diesen Polarisierungen vorhanden ist. Der Entwurf des Selbstopfers wird manifest kaum thematisiert, auch nicht der irritierende Schluss, der den Kampf ´erneuert´. Er geht in der Bewunderung der Helden und in der Phantasie vom ´guten Kämpfer und Weltlenker´ auf.

Inwieweit Fans emotional dem Phantasma des Selbstopfers, der Ebene von Spaltung und dem Sexualitätstabu verbunden sind und bleiben, oder inwieweit sie im Lauf der Zeit andere Innenwelten für sich erschließen, könnten biografische Interviews und Langzeitstudien zeigen. Diese liegen bisher nicht vor.

Literatur

Adorno, Theodor W.: Fernsehen und Bildung. In: Kadelbach, Gerd (Hrsg.) : Erziehung zur Mündigkeit. Frankfurt: Suhrkamp 1971, S. 50-69.

Geimer, Alexander: Filmrezeption und Filmaneignung. Eine qualitativ-rekonstruktive Studie über Praktiken der Rezeption bei Jugendlichen. Wiesbaden: VS 2010.

http://www.herren-des-westens.de/fanfiction.html. Zugriff am 19.09.2010.

Jenderek, Bastian: Fantasy und Realität. Eine Empirische Untersuchung zur Wirkung des Genres Fantasy. Germany: tredition 2009.

Lorenzer, Alfred: Tiefenhermeneutische Kulturanalyse. Lorenzer, Alfred et al. (Hrsg.): Kultur-Analysen. Frankfurt: Fischer 1986. S. 11-98.

Mikos, Lothar et al. (Hrsg.).: Die „Herr der Ringe"-Trilogie. Attraktion und Faszination eines populärkulturellen Phänomens. Konstanz: UVK 2007.

Möhler, Esther: Transmedial Narrative. Fanfiction and The Lord of the Rings. Saarbrücken: Verlag Dr. Müller 2010.

Pugh, Sheenagh: The Democratic Genre. Fan Fiction in a literary context. Bridgend: seren-books 2005.

Stach, Anna: Kulturelle Muster der Geschlechter und die Bedeutung der Gruppe im Film *Der Herr der Ringe*. In: Rendtorff, Barbara/Kleinau, Elke (Hrsg.): ´Eigen und Anders´ (im Ersch.).

Tolkien, J. R. R.: Gute Drachen sind rar. Stuttgart: Klett Cotta 2002.

Wegener, Claudia: Medien, Aneignung und Identität. „Stars" im Alltag von jugendlichen Fans. Wiesbaden: VS-Verlag 2008.

Weinreich, Frank: Zur Verteidigung von Mittelerde. Über Patrick Curry´s Untersuchung „Defending Middle Earth". http://www.polyoinos.de /tolk_ stuff/currys.htm. Zugriff am 20.09.2010.

Autorinnen

Dr. Andrea Gerhardt, Jg. 1971, M.A. Erziehungswissenschaften, Studium der Soziologie und Sozialgeographie. Mitglied der Arbeitsgruppe *Gender und tiefenhermeneutische Kulturanalyse* in Kassel.

Arbeitsschwerpunkte: Raumtheorien, virtuelle Kartographien, Leiblichkeit und Erkenntnis.

Neueste Veröffentlichung (Monographie): ‚Ex-klusive Orte und normale Räume'. Versuch einer soziotopologischen Studie am Beispiel des öffentlichen Friedhofs. Norderstedt: BoD 2007.

Ramona Kahl, Jg. 1977, Diplom-Pädagogin, Studium der Erziehungswissenschaft, Soziologie und Psychologie. Wissenschaftliche Mitarbeiterin im Bereich Medienpädagogik an der Philipps-Universität Marburg. Mitglied der Arbeitsgruppen Tiefenhermeneutik in Marburg und Frankfurt.

Arbeitsschwerpunkte: Geschlechtersozialisation, Tiefenhermeneutische Kulturanalyse, kritische Medienforschung, Populärkultur.

Neueste Veröffentlichung: Blutsauger im neuen Jahrtausend. Vom Vampirmotiv und seinen Implikationen in Twilight (2005) – Buch und Film. In: van Bebber, Jörg (Hg.): Dawn of an evil Millenium. Horror und Kultur im neuen Jahrtausend. Darmstadt: Büchner 2011 (im Druck).

Bettina Damaris Lange, Jg. 1973, Diplom-Sozialpädagogin und M.A. „Soziale Arbeit und Lebenslauf". Mehrjährige Tätigkeit beim Kasseler Hochschulfernsehen [univision] sowie Spielerin in zahlreichen Kasseler Theaterinszenierungen; Mitglied der Arbeitsgruppe *Gender und tiefenhermeneutische Kulturanalyse* in Kassel.

Arbeitsschwerpunkte: Identitätsbildung unter postmodernen Lebens- und Arbeitsbedingungen, Tiefenhermeneutische Medienanalyse, Geschlechtersozialisation.

Dr. Anna Stach, Jg. 1969, Diplom-Pädagogin, Studium der Erziehungswissenschaft, Soziologie und Psychologie. Wissenschaftliche Mitarbeiterin am Fachbereich Humanwissenschaften der Universität Kassel. Gründerin der Arbeitsgruppe *Gender und tiefenhermeneutische Kulturanalyse* in Kassel.

Arbeitsschwerpunkte: Tiefenhermeneutische Medienanalyse, Geschlechtersozialisation, Frauenbewegung, Jugendkulturen.

Neueste Veröffentlichung: Stach, Anna (Hg.): „Von Ausreißern, Topmodels und Superstars. Soziale Ungleichheit und der Traum vom sozialen Aufstieg als Spielthemen in populären Fernsehformaten". Norderstedt: BoD 2010.

Astrid Vormschlag, Jg. 1975, B.A. Soziologie und Geschichte. Mitglied der Arbeitsgruppe *Gender und tiefenhermeneutische Kulturanalyse* in Kassel.

Arbeitsschwerpunkte: Tiefenhermeneutische Medienanalyse, Soziologie des abweichenden Verhaltens, Frauen und Geschlechterforschung. Abschlussarbeit zum Thema „Suizidforen im Internet. Kommunikation mit dem negativen Fremden".

Zeitfracht Medien GmbH
Ferdinand-Jühlke-Straße 7
99095 Erfurt, Deutschland
produktsicherheit@kolibri360.de